Nur eine Aktivistin notwendig:
Skigebiet in Tirol lahmgelegt

Die besten Tagespresse-Meldungen 2023

DiE**TAGESPRESSE**

Nur eine Aktivistin notwendig:
Skigebiet in Tirol lahmgelegt

Die besten Tagespresse-Meldungen 2023

Residenz Verlag

Hinweis

DiE**TAGESPRESSE** ist ein österreichisches Satiremagazin.
Ausnahmslos alle Artikel sind frei erfunden. Im Regelfall werden
nur Personen, die in der Öffentlichkeit stehen, beim Namen
genannt. Alle anderen Namen sind frei erfunden. Eventuelle
Namensgleichheiten mit Privatpersonen sind rein zufällig.

Bibliografische Information der Deutschen Nationalbibliothek
Die Deutsche Nationalbibliothek verzeichnet diese Publikation in
der Deutschen Nationalbibliografie; detaillierte bibliografische Daten
sind im Internet über http://dnb.dnb.de abrufbar.

www.residenzverlag.at

© 2023 Residenz Verlag GmbH
Salzburg – Wien

Umschlaggestaltung und grafische Gestaltung / Satz:
Joe P. Wannerer – BoutiqueBrutal.com
Umschlagbilder: Fabrice Coffrini / AFP / picturedesk.com;
Oli Scarff / AFP / picturedesk.com; Youtube; ORF TVThek
Lektorat: Maria-Christine Leitgeb
Gesamtherstellung: Druckerei Florjančič, Maribor

ISBN 978 3 7017 3603 4

Vorwort

Liebe Abonnentin, lieber Abonnent,

immer wieder fragt man uns, weshalb wir als digitales Leitmedium dieser Republik immer noch ein altmodisches Buch auf Papier publizieren, als wären wir im 17. Jahrhundert oder in Niederösterreich. Sie müssen wissen: Der gedruckte Jahresrückblick soll die digitale Barrierefreiheit sicherstellen.

Wer in einem Land lebt, in dem man im Jahr 2023 erstens Excel immer noch verwendet und zweitens das auch noch falsch, der kann leider nicht erwarten, dass alle unsere Leserinnen und Leser es schaffen, unsere Homepage unfallfrei anzusurfen, und am Weg dorthin nicht Opfer von drei Krypto-Scams eines Fake-Armin-Wolf und fünf „nackten Hausfrauen in Ihrer Nähe" werden.

Während anderswo an künstlicher Intelligenz, Quantencomputern oder einem funktionierenden Tintenstrahldrucker gebastelt wird, sorgt hierzulande ein Excel-Fehler für den Sturz eines burgenländischen Despoten, der sogenannte „Babler-Effekt".

Wochen später sprengt eine von der ÖVP falsch adressierte E-Mail beinahe die Koalition, die nur dank totaler grüner Selbstaufgabe bestehen bleibt. Wir wollen uns gar nicht vorstellen, was bald noch alles passieren wird, wenn die FPÖ ihre Kommunikation irgendwann von Volksempfänger auf WhatsApp umstellt.

Eine Veröffentlichung unserer Artikel nur auf der Webseite wäre also eine Diskriminierung der höchsten Entscheidungsträger dieser Republik. Wir könnten es nicht ertragen, mitansehen zu müssen, wie Karl Nehammer spektakulär am Login auf unserer Webseite scheitert oder die SPÖ-Wahlkommission beim Abo-Kauf versehentlich ihre Kreditkartennummer in die Kommentarspalte einträgt und Scammer aus Wien-Donaustadt damit Kleingärten kaufen.

Und so kommt es, dass Sie auch heuer wieder unseren auf feinstem Papyrus gedruckten Jahresrückblick 2023 in Händen halten dürfen – zum Schnäppchenpreis von nur umgerechnet 13 Hamburgern. Es liegt an Ihnen, zu entscheiden, was Ihnen wichtiger ist: dieses Buch zu kaufen oder Ihr Kind 13 Tage lang zu ernähren.

Süß-saure Grüße,

die Chefredaktion

Sebastian Huber   Jürgen Marschal   Fritz Jergitsch

Homöopathen wegen Medikamentenknappheit unbesorgt: „Billa hat noch genug Tic Tacs."

Foto: Die Tagespresse

In Österreich gehen wichtige Medikamente zur Neige. Schon bald könnten Antibiotika ganz fehlen. Doch es gibt auch gute Nachrichten: Die Versorgung mit homöopathischen Arzneien ist derzeit nicht gefährdet. Laut der Homöopathen-Kammer sind die Lagerbestände beim Billa mit Tic Tacs ausreichend hoch, um über die Grippesaison zu kommen.

WIEN – „Sie haben seit einigen Wochen einen Knoten in der Brust und zehn Kilo in drei Tagen abgenommen?", fragt Homöopath Dr. Detlev Neudeck seine Patientin. „Hmm, beginnen wir einmal konservativ mit zweimal täglich Tic Tac Orange. Wenn es schlimmer wird und sie sterben sollten, erhöhen wir auf drei. Das macht dann bitte 250 Euro Praxisgebühr."

Seine Zunft ist von der aktuellen Knappheit an lebensrettenden Medikamenten nicht betroffen. „Tic Tacs gegen Tumore, aber auch die klassischen Mentos gegen Diabetes, und Lindt Kugeln gegen Adipositas, davon hat mein Billa zum Glück genug. Die letztjährige Zuckerrübenernte war hervorragend. Die Versorgung meiner Patienten und meines Zweitporsches ist also gesichert."

Auch der Nachschub an „Delfintränen", „Auraspray" und „Engels-schweiß" ist nicht in Gefahr, erklärt Homöopath Neudeck und schöpft vier Liter Urin aus dem U-Bahnklo am Floridsdorfer Spitz. Dann tröpfelt er es mit einer Pipette in ein Fläschen mit der Aufschrift „Rescue-Tropfen" und verkauft es dem Mann, der gerade ins Pissoir gepinkelt hat, zurück. „Eigenurintherapie, 300 Euro, bitte, danke."

Homöopathie bewährt sich
Es ist ein Schlag ins Gesicht der sogenannten „Schulmedizin". Ohne die kompetenten Kolleginnen und Kollegen aus der Homöopathie wäre das Gesundheitssystem schon längst zusammengebrochen.

„Man muss hier beide Welten verbinden, um ganzheitlich zu heilen. Sie schauen gar nicht gut aus, kommen Sie morgen bitte zur Cranio-Sacral-Therapie", erklärt die Hausärztin, Osteopathin und Homöopathin Dr. Verena Blach, während sie den goldenen Bentley vor ihrer Ordination wäscht.

Entspannte Situation
Überfüllte Spitäler, Patienten, die stundenlang warten müssen. Das Gesundheitssystem steht vor dem Zusammenbruch. Zustände, die es in der Welser Privatklinik „Zum Heiligen Wegscheider" nicht gibt, erklärt ein Mitarbeiter.

„Wir haben genug Personal. Wir haben erst gestern wieder einen arbeitslosen IT-Techniker zum Engelsprimar umgeschult. Der behandelt gerade das Kind dort drüben, das durch einen Autounfall ein Bein verloren hat." Engelsprimar Herbert winkt herüber und streut vier Tic Tacs in die klaffende Wunde.

Sollte die Medikamentenknappheit andauern, muss auch in den Krankenhäusern bald vermehrt auf Homöopathie gesetzt werden. „Wenn dann die Narkosemittel fehlen, müssen wir den offenen Oberschenkelhalsbruch nicht mehr mit der Kraft der Chirurgie, sondern der Fantasie heilen", befürchtet Unfallchirurg und Hobby-Fleischhauer Jürgen Lengauer. „Klarerweise gilt: Zusatzversicherte können sich natürlich im Einzelzimmer die Heilung einbilden."

Längere Intervalle: Volksschüler (21) wartet seit 15 Jahren auf Bim

Foto: Manfred Helmer/bildstrecke.at (M)

Es war ein ganz normaler Dienstagmorgen, als der damals sechsjährige Peter Steinkellner im Jahr 2007 einfach nur in die Volksschule fahren wollte. Seither sind 15 Jahre vergangen, und der kleine Peter wartet immer noch an der Station auf die Straßenbahn. DiE TAGESPRESSE recherchiert die Hintergründe.

WIEN – „Die Mama sagt, ich darf nicht mit Fremden reden", flüstert der jetzt schon 1,87 Meter große Peter „Peterle" Steinkellner und schaut schüchtern auf die Polizistin herunter. „Woher kommst du denn, hm? Wir bringen dich heim. Magst mit mir mitgehen?", fragt die Polizistin und legt dem verstörten Volksschüler eine Hand auf die massive Schulter. Er zuckt zusammen, schüttelt den Kopf und nippt nervös an seinem Dreh und Trink.

Peter Steinkellner versteht die Welt nicht mehr. Seit 15 Jahren wartet er mit seiner Schultasche brav an der Station Breitenfurter Straße, um endlich in die Volksschule zu fahren – doch seine Straßenbahn ist nie gekommen. Und die 50 Meter nach Hause zu gehen, war ihm einfach zu weit.

„Er besteht drauf, dass ihn die Mama abholt. Leider hat seine Mama kein Auto, sie wartet in Simmering auf den Bus, und sein Papa ist U-Bahn-Chauffeur, von dem gibt es seit 2009 keine Spur mehr, der ist wohl an der Ostfront in Floridsdorf gefallen", seufzt die Polizistin.

Spießrutenlauf

Steinkellner schaut auf sein Nokia 3310, es hat nach all den Jahren nur mehr drei Striche Akku. Er zeigt uns Tausende SMS seiner Mutter. „Komme gleich", „10 Minuten Verspätung", „in 89 Minuten kommt der Bus endlich", „hab mit Wiener Linien telefoniert, 24 Stunden Verspätung, es ist noch eine Lasagne im Kühlschrank", „drei Wochen Verspätung, alles Gute zum Geburtstag, Bussi Mama", „hab tel, oberleitungsschaden, rip, love u". Dann reißt der Kontakt ab.

Steinkellner will sein Handy verstauen. „Ah Scheiß-, äh Scheibenkleister, mein Pausenbrot", ärgert er sich, nachdem er seine Schultasche öffnet und eine schleimige Gestalt Richtung Gulli kriecht. „Die Mama wird mich ur umbringen." Er fischt einen Cheeseburger von McDonald's heraus, der noch perfekt aussieht. Genüsslich verspeist er ihn. „Den wollt ich mir eigentlich aufheben, bis ich so viel Jahre alt bin", sagt er und formt mit seinen Händen die Zahl 30.

Mitschuld

Doch Steinkellner hegt keinen Groll gegen die Wiener Linien, er habe auch eine gewisse Teilschuld an seiner Situation. „Einmal war ich da hinten beim Maci am Klo für zwei Minuten, ur dumm", erzählt er. „In der Zeit hab ich wohl zwei Bims verpasst aber dafür übernehm ich die volle Verantwortung, hätt ich halt wie jeder normale Wiener Öffi-Fahrgast in die Haltestelle Pipi gemacht."

Abermals blickt Steinkellner hoffnungsvoll die Schienen entlang, als am Horizont eine Straßenbahn erscheint. Ekstatisch beginnt er auf und ab zu springen, seine glasigen Augen funkeln im Licht der Straßenlaternen. Doch kurz bevor der Wagon in die Station einfährt, sackt Steinkellner zusammen. „Betriebsfahrt", flüstert er leise.

Wiener Linien reagieren

Bei den Wiener Linien streitet man jede Verantwortung ab, gesteht jedoch ungewöhnliche Wartezeiten ein: „Ja, die Intervalle sind etwas länger, seitdem wir den Fahrplan auf den Azteken-Kalender umgestellt haben", erklärt Pressesprecherin Katja Petrovic. „Aber für den kleinen Peter habe ich gute Nachrichten: Die Straßenbahn sollte im nächsten Hueymiccailhuitl eintreffen."

Die längeren Intervalle sorgen bei den Wiener Linien generell für Umstrukturierungen. „Wer heute in die Seestadt Aspern will, dem raten wir zur Buchung im Schlafwagen, ältere Semester finden ganz hinten auch einen Notar, bei dem man sein Testament aufsetzen lassen kann", erklärt Petrovic.

Peter seufzt, er merkt: Mittlerweile ist die Welt um ihn herum eine andere. „Alles ist bestimmt ganz anders als vor 15 Jahren. Ist FIFA 08 schon draußen? Und zeigt der ORF noch meine Lieblingsserie „Malcolm"? Sicher nicht, sondern was viel Neueres, oder? Oder?"

Schlimmer als Terrorismus: Autofahrer können wegen Protesten kurz nicht Autofahren

Foto: Eva Manhart / APA / picturedesk.com

Es ist der schlimmste Angriff auf die Freiheit seit dem Klimaticket: Hunderte Autofahrer wurden heute durch Klimaaktivistinnen und -aktivisten mehrere Minuten lang am Autofahren gehindert. Der Protest erschüttert die Grundfeste der Demokratie.
WIEN – Es sind dramatische Bilder, die man sonst nur aus Bürger-

kriegsgebieten kennt: Die Polizei entfernt junge Menschen, die sich mit Superkleber an die Straße geklebt haben, und trägt sie weg. Dahinter müssen unschuldige Autos im Stau stehen – Szenen, die ins Mark eines jeden freiheitsliebenden Österreichers gehen.

Angst

„Das ist mein persönliches 9/11", seufzt Autofahrerin Claudia Huth (45) und hupt den Stau an – vergeblich. „Moment, ich hab eine Superidee!" Sie hupt noch einmal. Es bringt überraschend nichts. „Und wenn ich dabei den Mittelfinger aus dem Fenster zeig – hm, nein, auch nix ..."

Mit zittrigen Fingern nimmt sie ihr Handy: „Wenn ich es nicht mehr rechtzeitig ins Büro schaffe, sagt meinen Excel-Listen, dass ich sie liebe", schreibt die Buchhalterin in ihre Büro-WhatsApp-Gruppe. „Schreib so was nicht!!! Wir haben alle so Angst! Halt durch!!!!", antwortet ein Kollege.

Sollte Huths Arbeit liegen bleiben, würde sich die Abrechnung der neuen Geschirrspüler um bis zu zehn Minuten verzögern. Das Ende des Betriebs? Seit drei Minuten kann die unschuldige Autofahrerin schon nicht mehr Auto fahren. Was diesen Menschen angetan wird, muss klar benannt werden: Es ist Terrorismus. Vermutlich sogar etwas Schlimmeres als Terrorismus.

Polizei machtlos

Ein paar Autos weiter wartet Josef Pichler (56) aus Hietzing in seinem Range Rover, den er dringend braucht, um die steile Ausfahrt hinaus aus seiner Tiefgarage zu bezwingen. „Für was haben wir eine Cobra, ein Jagdkommando, eine GIS?", schreit er ins Telefon, wo er gerade mit dem Polizeinotruf verbunden ist.

„Wir würden eh gerne schießen, aber uns sind von der linksgrünen Justizministerin die Hände gebunden", seufzt ein Polizist am anderen Ende der Leitung. In der zweiten Leitung wartet Pichlers Anwältin, die ihm eine juristische Argumentation ausformuliert, die das Überfahren von Klimaaktivisten als Notwehr auslegt.

Politik reagiert

Bundeskanzler Karl Nehammer rief zwischenzeitlich zu einer Sonder-Pressekonferenz und berichtet über den Stand der Ermittlungen: „Die gesamte Terrorbekämpfungsabteilung des DSN ist auf die Klimakleber angesetzt. Hoffentlich plant jetzt kein Islamist irgendwas, haha – ups, das sollte ich nicht ins Mikro sagen. Jedenfalls wissen wir aktuell, dass die Aktivisten den Superkleber in Bratislava gekauft haben."

Niederösterreichs Landeshauptfrau Johanna Mikl-Leitner fordert inzwischen drastische Strafen. „Zehn Jahre schwerer Kerker für die ganzen depperten Teenager da, und wenn in Stein kein Platz mehr ist, müss' ma halt paar Serienmörder begnadigen." In Niederösterreich kreisen zur Stunde Hubschrauber über allen Libro-Filialen und überwachen die Klebstoffrouten der Terroristen.

Nur eine Aktivistin notwendig: Skigebiet in Tirol lahmgelegt

Foto: Fabrice Coffrini / AFP / picturedesk.com

Die skrupellosen Anschläge in Wien waren bloß ein Vorge-schmack. Seit heute weiten die Klimaterroristen ihren grünen Dschihad auf ganz Österreich aus. Zu einem ersten Attentat auf kritische Infrastruktur kam es heute Vormittag im Westen des Landes. Eine Aktivistin der Terrorzelle „Letzte Generation Tirol" blockiert eine zwei Meter breite Kunstschneepiste.

ISCHGL – Grüne Wiesen, gleißendes Sonnenlicht, 25 °C im Schat-ten. Es ist ein malerischer Jänner-Tag in Ischgl, Tirol. Ein weiß-braun glänzender Schneestreifen schlängelt sich anmutig ins Tal und lädt zur Abfahrt ein. Auf den Weiden grasen Kamele, sogar die ersten Kakteen beginnen bereits zu blühen. Wenige Kilometer entfernt wird eine Pyramide für Franz Hörl gebaut.

Doch wie aus dem Nichts wird das friedliche Idyll gestört. Sirenen übertönen für einen kurzen Moment das Dröhnen der Schneekano-nen. Der Sessellift hält ruckartig, ein kilometerlanger Stau reicht bis zum Knoten Kaisermühlen zurück. „Wos ischn jetzt lous? Sind scho wieda Reporter im *Kitzloch*?", fragt Liftwart Andreas Freisinger und blickt auf das Schneeband hoch.

Anschlag

Wie die Polizei unterdessen bestätigt, hat sich Klimaterroristin „Emily Lucia F." am Vormittag auf die Skipiste geklebt. Weiterkom-men unmöglich. Für Hunderte Urlauber nimmt der Traumurlaub damit ein jähes Ende.

„Bitte, das ist ein Wahnsinn, die denken einfach nicht weit genug", erklärt ein Skifahrer im Stau. „Die letzten drei Bitcoin-Transaktio-nen, die ich grad aus reiner Fadheit getätigt hab, verbrauchen so viel Strom wie Ecuador. Da wär's wohl gescheiter gewesen, mich weiter fahren zu lassen, oder?"

„Ich hab einen ganz dringenden Termin im Tal", ruft eine andere Betroffene in drei Schichten Nerz-Pelzmänteln. „Wenn ich zu spät komm, muss mein Koch André den Kaviar noch mal frisch zuberei-ten und den Jacuzzi neu aufheizen, wollt's ihr Öko-Maoisten das? Wenn ihr nicht endlich friedlicher demonstriert, dann bring i euch um!"

Seilbahn-Chef Franz Hörl will den Protest nicht unbeantwortet lassen. „Was soll denn jetzt aus der Skisaison werden? Das Zwei-Meter-Band ist unsere letzte geöffnete Abfahrt", erklärt er. Er ist in Verhandlungen mit der Tiroler Killerkuh Mitzi, die der Aktivistin einen „Besuch" abstatten soll. „Die hab ich persönlich abgerichtet", erzählt Hörl und füttert Mitzi. „Die hat schon zehn Piefke am Gewissen, gell, Mitzi?"

Rettung naht

Nach rund 50 Minuten Agonie halten zwei Sandbuggys am Pistenrand. Cobra-Beamte steigen mit Nagellackentferner im Anschlag aus, umstellen Emily und führen sie ab. Ein Landeshauptleutetribunal wird nun über ihr Schicksal entscheiden.

Trotz rascher Hilfe ist die Freude bei den Wartenden allerdings verhalten. Die hauchdünne Schneeschicht ist in der Zwischenzeit weggeschmolzen, drei verschüttete Skilehrer sind wieder aufgetaut und wanken hustend zur nächsten Après-Ski-Bar.

Überraschung über Teichtmeister perfekt gespielt: Heimische Filmbranche für Oscar nominiert

Foto: Screenshot YouTube

Österreichs Oscar-Kandidat *Corsage* **wird nach schlechter Presse heuer wohl leer ausgehen. Doch Österreichs Filmfans dürfen weiter hoffen: Die gesamte heimische Branche wurde soeben für ihre überzeugende Darstellung im Fall Teichtmeister kollektiv nominiert. Kritikerinnen und Kritiker rechnen ihr hohe Chancen auf den Hauptpreis in der Kategorie „Bester internationaler Film" aus.**

LOS ANGELES – „Der Teichi hat mir bei einer Vernissage-After-Show-Party glaubhaft versichert, dass alle Vorwürfe falsch sind", schallt es weinerlich aus den Boxen des Fernsehers im Sitzungssaal der Oscars-Academy. Die Jury will heute alle Kandidaten der Kategorie „Bester internationaler Film" beurteilen. Heuer tut sich ein Favorit, der in letzter Minute eingereicht wurde, besonders hervor.

Überzeugendes Schauspiel

Ein Mitglied wischt sich Tränen aus dem Gesicht: „Diese überzeugende Verkörperung kleinbürgerlicher Austro-Mentalität, die im krassen Widerspruch steht zu den nach außen getragenen moralischen Ansprüchen an alle anderen – diese mentale Brücke überwinden nur wahre Genies – oder Schauspieler."

Österreichs Filmbranche wendet dabei klassisches Method Acting wie aus Lee Strasbergs Lehrbuch an. Für ihre Rolle wurden alle Mitwirkenden bereits ihr ganzes Leben vorbereitet. Hunderte Castings, Produktionen und Theaterstücke ermöglichten ihnen, das Wegschauen zu perfektionieren. Hier macht sich auch die frühe Förderung junger Talente bezahlt: All jene, die besonders gut wegschauen, steigen schneller auf.

Gänsehaut pur

„Sie haben das Von-nichts-gewusst-haben geradezu verinnerlicht, sie wurden eins mit der Rolle, die Überraschung über etwas längst Bekanntes spielen sie so authentisch, dass man Gänsehaut bekommt – das ist höchste Schauspielkunst", weiß Filmkritiker Anton Hasmann. „Klarerweise kennen wir ähnliche Drehbücher seit Jahrzehnten, daher ist die Story leider etwas zu erwartbar. Man weiß immer schon, was als Nächstes passiert."

Name unklar

Wegen der schnellen Produktionszeit kamen die Beteiligten noch nicht dazu, sich auf einen Namen für das Drama zu einigen. In der engeren Auswahl stehen aktuell *Die Jagd nach dem verlorenen Filmpreis, Bla Bla Land* sowie *Das Schweigen der Männer*.

POLITIK   17. Januar 2023

Gasfund in Oberösterreich: Sollen wir uns von diesem Schurkenstaat abhängig machen?

Foto: Foto: Depositphotos, Eva Manhart / APA / picturedesk.com (M)

Im oberösterreichischen Molln wurden riesige Mengen an Erdgas entdeckt. Die Regierung steckt nun in einer Zwickmühle: Will man einen Energiedeal mit einem radikalen Schurkenstaat eingehen, oder vertraut man weiterhin auf Lieferungen von verlässlichen Partnern wie Katar und Abu Dhabi?

MOLLN/LINZ – Ein rechtes Regime hält das Land im eisernen Würgegriff, Frauen gelten als Menschen zweiter Klasse, Errungenschaften der modernen Wissenschaft wie Impfungen, das Rad und das Feuer werden abgelehnt: Der Gottesstaat Oberösterreich ist mit europäischen Werten unvereinbar. Gleichzeitig werden unter der Erde der Gemeinde Molln 22 Milliarden Kubikmeter Erdgas vermutet – ein Dilemma in Zeiten der Energiekrise.

„Passt, von uns aus kann's losgehen", lächelt der oberösterreichische Beamte und malt mit einem Wochenblick-Kuli ein Smiley auf einen edlen Auf1-Bierdeckel, der mit repräsentativem Hakenkreuzmuster bedruckt ist. „Die Umweltverträglichkeitsprüfung verlief positiv."

Gefährliche Abhängigkeit

Doch Energieexperte Dietmar Klapsch warnt: „Bezieht Österreich Erdgas aus dem autokratischen Bundesland, macht es sich erpressbar. Das Regime Stelzer-Haimbuchner könnte die Gaslieferungen als Waffe gegen Wien einsetzen und im Gegenzug verlangen, dass Wien sich umbenennt in Wels-Ost, oder, dass der Railjet nicht mehr in Wien, dafür aber in Enns, Timelkam und Bad Inzucht stehen bleibt."

Keine Alternative

Die zuständige Ministerin Leonore Gewessler versteht die Bedenken: „Wir führen diese Gespräche natürlich im vollen Bewusstsein, dass wir hier nicht in einer Demokratie sind." Betroffen starrt sie bei Attnang-Puchheim aus dem Fenster des Busses. Draußen zieht eine Kuhglocken-Demo gegen 5G, 4G und elektrischen Strom generell vorbei. An einer Kreuzung findet eine öffentliche Auspeitschung einer Impfärztin statt. Ein ganz normaler Dienstagvormittag in Oberösterreich.

„Ich hab irgendwie ein schlechtes Gefühl", murmelt Gewessler, als sie aus dem Bus aussteigt, der endlich an seiner Endstation „Impfen ist Mord" angekommen ist. „Ich vermisse die warme Sonne von Katar, diese Herzlichkeit, diesen Respekt vor den Menschenrechten. Aber wir können jetzt nicht wählerisch sein."

Geld stinkt nicht

Bei der Endstation in der beschaulichen Gemeinde „Impfen ist Mord" am Attersee warten bereits Manfred Haimbuchner und Thomas Stelzer, beide in Tracht – alle anderen Kleidungsstile sind in Oberösterreich verboten. Sittenwächter patrouillieren mit 1,8 Promille durch die Straßen.

Gewessler muss die nationale weibliche Tracht, ein Dirndl und eine Bluse vom Desigual Ansfelden, anziehen. Dann darf sie endlich in das Regierungsbierzelt eintreten, wo gerade ein Wiener Journalist mit Bierkrügen ins Koma geprügelt wird.

„Der Wasserkopf Wien möge zwar stinken, aber das Geld aus Wien stinkt nicht", erklärt Haimbuchner, der „Gaddafi von Wels". Landeshauptmann Thomas „Hussein" Stelzer nickt zustimmend. Ihr kleiner Gottesstaat hat eine große Zukunft vor sich.

Zimtschnecken ausverkauft: Kickl uriniert in Hofer-Backbox

Foto: Roland Schlager / APA / picturedesk.com / Hofer (M)

So verhält sich ein echter Staatsmann! Weil FPÖ-Chef Herbert Kickl sich darüber ärgerte, dass seine Lieblingsspeise nicht mehr verfügbar war, reagierte er mit der einzig logischen Konsequenz: Urin. Der blaugelbe Parteichef und „Urinterrorist" setzt damit seinen politischen Diskurs wie gewohnt fort.

PURKERSDORF – Kickl erwacht in seinem nassen Spiderman-Pyjama. „Ich hab mich im Schlaf so ärgern müssen, ich hab geträumt, dass ich nicht mehr mit dem Auto über die Radfahrer drüberfahren darf", seufzt er und wringt den Urinfleck in seiner Hose aus, dann streift er sich seine „Herby-Dry-Pampers" und Jeans über und verlässt das Haus. Die Arbeit ruft.

Kurz darauf steht der blaue Parteichef und güldene Urinaktivist auf der Suche nach einer Jause im Supermarkt. Doch als Kickl bei der Backbox eintrifft, folgt der Schock: Die Zimtschnecken sind aus. Vor seinen Augen radelt eine junge Frau damit davon. Sein Ärger ist groß. Wenig später tropft Urin aus allen Ritzen der Backbox. Kickl lächelt: „Hi hi hi, dass so ein kleines Spatzi so einen Tank hat, da schaut's jetzt, gell?"

Urinterror

„Das ist nichts anderes als Urinterror", schreit Hofer-Filialleiter Heinz Mayer und verfolgt die bizarren Bilder der Überwachungskameras. „Zugriff, Zugriff!" Zwei Securitys stürmen auf Kickl zu, als er sie entdeckt, springt Kickl durch einen Sesamring hindurch, versteckt sich in einem Pez-Spender – die Securities können ihn nicht finden. Kickl kriecht in ein griechisches Joghurt (10 Prozent Fett) und lässt sich von einer Kundin aus der Filiale tragen. Am Parkplatz lässt er sich von einer Ratte sauberlecken und fährt ins Parlament.

In der FPÖ sind die von Kickl präsentierten Urinpiktogramme aber erst der Anfang. „Wie mehrere Studien unseres Parteiarztes Dr. Marcus Franz ergeben haben, hat der Mensch auch hinten eine Körperöffnung", lächelt Dominik Nepp und hält seinen Arsch in die Kamera. Es ist dieser neue, moderate, staatsmännische Stil, der die FPÖ wohl zur nächsten Kanzlerpartei machen wird.

„Wir haben deshalb für die Klimaaktivisten auch ein Imagevideo gemacht", erklärt Nepp. Er startet den Film „Two Guys, One Cup": Kickl führt einen Becher lasziv an Nepps Mund heran, mehrere Journalisten laufen angeekelt aus dem Saal direkt in den Straßenverkehr.

Völlig normales Verhalten

Politologen halten Kickls pubertäres Verhalten für eine konsequente Weiterführung seiner bisherigen politischen Strategie. Peter Filzmaier, der einzige Politikexperte der Welt, erklärt: „Wer im Parlament mit Scheiße um sich wirft, der wird auch nicht davor zurückschrecken, Fäkalien im privaten Leben als Waffe zu missbrauchen!"

Kritik an seinem ZIB-Auftritt, in dem er dafür Werbung machte, man solle Klimakleber anpinkeln, versteht Kickl nicht. „Bitte, es ist doch völlig normal, dass ein Parteichef, ein Politiker, der von Steuergeld bezahlt wird, ein ganz normaler erwachsener Mann wie ich, dass so jemand Minderjährigen ins Gesicht urinieren will, nicht wahr?"

ÖVP nur bei 39 Prozent: Droht Niederösterreich bald Demokratie?

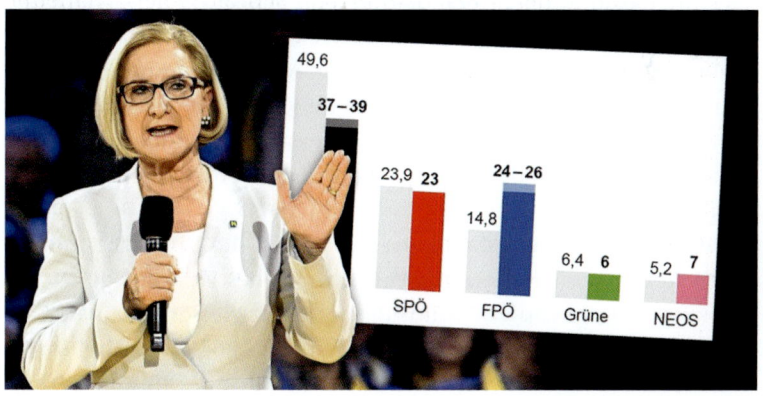

Foto: APA/Helmut Fohringer

Es ist ein Horrorszenario: Letzte Umfragen sehen die ÖVP am Sonntag bei 39 Prozent. Die schlimmsten Befürchtungen könnten sich bewahrheiten. Drohen Niederösterreich nach der Landtagswahl demokratische Zustände, mit unabhängigen Medien, Demonstrationsfreiheit und fairen Wahlkämpfen?

ST. PÖLTEN – „Was Sie hier sehen, das ist alles bald Geschichte", seufzt Wolfgang Glaninger von Intransparency International und zeigt aus dem Fenster. Sein Wagen rollt durch die letzte Diktatur Westeuropas: Niederösterreich. Nach Jahrzehnten einer stabilen, prosperierenden Despotie droht nach der Wahl am Sonntag eine Zeitenwende.

Bestandsaufnahme

Nur 39 Prozent der Niederösterreicherinnen und Niederösterreicher wollen am Sonntag die ÖVP wählen. „Das sind ja nicht einmal alle unsere Gemeinderäte", seufzt Landeshauptfrau Johanna Mikl-Leitner und nimmt zitternd die Brille ab. Sie sitzt in ihrem Büro im Amtssitz der Landesregierung auf Barad-dûr mitten in St. Pölten und schaut aus dem brennenden Auge in die Ferne. „All die Posten, die wir verteilt haben, die Agrarflächen, die unsere Bürgermeister in Bauland umgewidmet haben, um Platz zu machen für Elk-Häuser, die menschenleeren Park&Ride-Monolithen, die unser schönes Land säumen – war das alles umsonst?"

Worst-Case-Szenario

Als wäre das alles noch nicht verheerend genug, droht Niederösterreich auch noch die Demonstrationsfreiheit – ein Worst-Case-Szenario. „Das wäre unser Untergang", sagt Mikl-Leitner mit bebender Stimme. Derzeit wird die Teilnahme an Klima-Demos aus generalpräventiven Gründen noch mit der Todesstrafe geahndet. „Schauen Sie aus dem Fenster, es schneit, soll es noch mehr schneien? Das ist doch alles ein Irrsinn."

Ihr Pressesprecher gibt Tipps: „Meisterin der Finsternis haben möglicherweise in den letzten Wahlkampfreden zu selten gesagt, es steht viel auf dem Spiel?" Mikl-Leitner seufzt resigniert, als erfahrene Veteranin hätte sie wissen müssen, dass 267 Wiederholungen nicht reichen. Ihr Leibarzt verabreicht ihr zur Beruhigung intravenös 100 Milliliter Tränen von überfahrenen Radfahrern.

Hoffnung

Doch noch ist nicht alles verloren. Die Kunde der drohenden politischen Revolution ist noch nicht in alle Teile Niederösterreichs durchgedrungen. St. Pölten-treue Gemeinden im Norden des Landes werden aufgrund der schlechten Netzabdeckung und der Gleichschaltung von NÖN und Bezirksblättern frühestens in dreieinhalb Jahren von den Ergebnissen der Wahl erfahren.

„Bis dahin muss man sich aber was einfallen lassen", analysiert der einzige Politikwissenschaftler Österreichs, Peter Filzmaier. „Ein Anschluss des Waldviertels an Oberösterreich ist dann nicht mehr auszuschließen."

„For women on their cycle": ORF stattet Frauenklos mit Fahrradhelmen aus

Foto: Depositphotos (M)

Es ist das Normalste der Welt, aber trotzdem noch immer ein Tabuthema: Radfahren. Einmal im Monat haben Frauen ihren sogenannten „Zyklus" und sind dann mehrere Tage kaum noch vom Drahtesel zu trennen. Der ORF zeigt sich als fortschrittlicher Arbeitgeber und stattet nun alle Frauenklos am Küniglberg mit Helmen aus.

KÜNIGLBERG – „Sodawasser, das wär's", erklärt Installateur Stefan Burger und beendet seine Arbeit. Er hat heute auf allen ORF-Frauentoiletten Fahrradhelmhalter angeschraubt. ORF-Sportreporter Rainer Pariasek lächelt, während er eine Touristengruppe durch das Gebäude führt und persönlich alle WCs mit Helmen bestückt: „Every normals womans likey to cycle every months once a months or so, super isn't it's it?"

Cool und bequem
„Super cool, the helmets, wight?", grinst Pariasek und setzt sich einen auf. „Pass auf deine Frisur auf, Rainer, die war vier Stunden Hackn", ermahnt ihn eine seiner 13 Visagistinnen. Aber der ORF-

Moderator geht heute voll ins Risiko und schaut sich mit dem Helm am Kopf in den Spiegel. Die Besuchergruppe applaudiert.

„Super color, very fesch. Weminds me of Patficks McDonalds Dempsey, haha. But why only for ze womans? Perhaps me also has a cycle soon?", lächelt Pariasek. Die Visagistinnen schauen sich an.

Gleichberechtigung

Tatsächlich: Auch für die Männer gibt es frohe Nachrichten. „Ich habe einmal nach der Sportsendung einen Skifahrer aus den Klos kommen sehen, und er hat geflucht ‚The pissoirs are too small for my cock' oder so", erklärt Generaldirektor Roland Weißmann. „Damit die cocks mehr Platz haben, kriegt jetzt jedes Männerklo einen eigenen Hühnerstall."

Dann verabschiedet sich Weißmann, er muss weg – ein Bewerbungsgespräch mit einer möglichen Moderatorin als Karenzvertretung steht an. „Sie hat in ihre Bewerbung geschrieben ‚I'm also pregnant', genau das suchen wir: Leute, die prägnant sind, die die Rhetorik mitbringen, um mit einer Koryphäe wie Rainer Pariasek mithalten zu können. Hoffentlich nimmt sie unser Angebot an, wir planen sie bereits für die kommenden neun Monate voll ein."

Auch in der Sportredaktion geht der Alltag weiter. Man plant bereits das neue Programm. „Wir wollen mehr Sendungen für Frauen zeigen", verrät Redakteur Heiko Zupan. „Heuer gibt's also endlich wieder live die Tour de France im ORF!"

Reinste Schikane: AMS vermittelt diesem Wiener SPÖ-Job in St. Pölten

Foto: orf.at (Screenshot)

Seit Jahren ist der Favoritner Sven H. beim AMS. Nun wurde er zu einem neuen Job vermittelt. Er soll in der abgelegenen Ortschaft St. Pölten in Niederösterreich einen Aushilfsjob als Parteichef annehmen. Sven H. spricht von „Schikane".

WIEN/ST. PÖLTEN – „Das könnt ihr mir nicht antun, nicht zur SPÖ, und bitte nicht nach St. Pölten", schreit Sven H. verzweifelt durch die Gänge des AMS. Er wurde soeben gezwungen, einen Job in Niederösterreich anzunehmen.

„Ich mach alles, ich hackl am Bau, in der Gastro, alles kein Problem, ich mach sogar den Trillerpfeifenreiniger im *Kitzloch*. Aber den roten Basti in St. Pölten will ich euch ned spielen, ich kann auch nix dafür, dass die rote Hanni ned funktioniert hat, ich bin zu jung, um dort verheizt zu werden."

Widerstand zwecklos

Doch die Proteste des Favoritner Sven H. verhallen. „Ihr Lebenslauf schaut eher suboptimal aus", erklärt AMS-Berater Roman Heinzle, der sich schon seit Jahren mit H. herumschlagen muss. „Noch kein einzig richtiger Job in der Wirtschaft, dann seh ich da ein Praktikum bei Global 2000, Sie waren offensichtlich Mitglied einer Terrororganisation, zeigen Sie mir mal die Handflächen! Pickt da Uhu oben, sind Sie so ein Klimakleber?" Sven H. schüttelt den Kopf.

Das AMS bleibt hart. „Schauen Sie, St. Pölten hat auch schöne Seiten, zum Beispiel den Kirchturm, weil von ganz oben sieht man nach Wien haha, tschau mit Au." Am Gang draußen geht Sven H. an dem Traiskirchner Bürgermeister Andreas Babler vorbei, der kauernd und weinend am Boden sitzt. „Ich bin auch versetzt worden … in den … in den … B … Bundesrat, bitte gebt mir irgendwas mit mehr Perspektive! Foxconn Sweatshop in China oder so, bitte!"

Arbeitgeber unglücklich

Auch die SPÖ ist unzufrieden mit dem neuen Mitarbeiter, der der Partei quasi über Nacht vor die Tür gesetzt wurde. „Ein junger Mensch mit Ideen – das ist ja gegen alle unsere Prinzipien, der Typ ist unter 60, quasi ein Kind", wehrt sich Bundesgeschäftsführer Christian Deutsch. „Und ein abgeschlossenes Studium hat er auch, na super, genau das hamma noch braucht, an Studierten. Tut mir leid, Werner, aber du bist zu spät, es wird wieder nix." Er schickt einen enttäuschten Faymann aus seinem Büro.

Risk-Assessment

Nervös kaut Mikl-Leitner auf ihren Fingernägeln, während sie das ZIB-2-Interview mit Hergovich in ihrem Büro verfolgt: „Ein junger, fescher Plattitüdendrescher, der eine Zusammenarbeit mit der FPÖ nicht ausschließt und der beim Reden die Hände immer so deppert verschränkt?" Nervös dreht sich Mikl-Leitner zu ihrem Büroleiter. „Wo ist unserer eigentlich hin? Weißt eh, der Meidlinger Gschleckte ausm Waldviertl mit den fettigen Haaren, der dauernd am Handy herum gstierlt hat?"

„Die Balkanroute schließen, das schafft der niemals", gibt sich ein Berater zuversichtlich, „Und die Pandemie kann er auch nicht zum 13. Mal meistern, man munkelt, er ist bei Candy Crush erst Level 859." Beruhigt lässt sich Mikl-Leitner in ihren Sessel fallen. Mit diesem Skill Set ist Hergovich keine Gefahr für die ÖVP.

„Dann wäre Landbauer noch im Iran": Waldhäusl wäre ohne Migration Parteichef

Foto: Puls24, FPÖ (M)

Was für ein Pech! Beinahe hätte es der Waldviertler Bauer Gottfried Waldhäusl zum Parteichef der FPÖ Niederösterreich geschafft. Doch ein persischer Gastarbeiter namens Udo schnappte ihm den Job Weg. Für Waldhäusl ein Beweis, dass Migration unser schönes Österreich ruiniert.

WAIDHOFEN AN DER THAYA – Frauen waschen im rauschenden Urin der Thaya die Wäsche, Männer braten am Dorfplatz Eichhörnchen heraus, die Kinder sind sicher mit dem Opa im Reichsbürger-Keller der unabhängigen Republik „Manfred" eingesperrt. Hier, in der idyllischen Waldviertler Gemeinde, ist die Welt – und vor allem Österreich – noch in Ordnung.

Doch Gottfried Waldhäusl, im Hauptberuf Kartoffelbauer, im Nebenberuf selbst Kartoffel, hat schon bessere Zeiten erlebt: „Würd i die Uhr lesen können tun, dann tät i sagen tun, es is 5 vor 12, wegen dera Ausländer vom Ausland draußen, rülps", erklärt Waldhäusl in einer Presseaussendung. Er wollte eigentlich Parteichef der

---

Niederösterreichischen FPÖ werden, doch ein Mann mit iranischen Wurzeln durchkreuzte seine Pläne.

„Ohne Migration wär dieser Udo nie da, seine schmarotzende Mutter hätte Ruckzuck in die Herkules gehört damals, baba und foi ned, das wird man ja noch sagen dürfen, oder?" Waldhäusl fordert endlich wieder eine rassenreine FPÖ mit typisch arischen Namen wie Belakowitsch, Vilimsky, Strache, Deimek oder Schnedlitz (geborener Schniedelwutz).

Herkunft bestätigt

Dass er selbst zu 100 Prozent aus dem Waldviertel stammt, sei unbestritten, erklärt auch sein Hausarzt, Dr. Herbert Waldhäusl (Onkel, Bruder und Cousin von Gottfried Waldhäusl). „Der Name Waldhäusl lässt auf den Zeugungsort von ihm schließen. Außerdem beherrscht er ganze fünf Buchstaben des Alphabets, das ist typisch für das Waldviertel. Wäre er aus dem Mühlviertel, könnte er nur drei. Das Geschlecht können wir aber nicht sicher bestimmen, wir sind nicht durch die dichten Spinnweben in seinem Schritt durchgekommen."

Zukunftspläne

Waldhäusl selbst arbeitet aber bereits an seiner Endlösung, um die Migration in der FPÖ zu stoppen: „Ich hab eine Firma gegründet, die ‚Waldhäusl nunmehr GmbH & Co. KG', zukünftig ‚KZ', dort werden FPÖ-Mitglieder mit Migrationshintergrund umerzogen zu echten Österreichern. Der Firmensitz ist natürlich wieder in Zypern, so wie es sich für echte heimattreue Österreicher wie mich gehört."

Gegen gratis HPV-Impfung: Kickl ruft zu großer Genitalwarzen-Demo auf

Foto: Florian Schroetter / AP / picturedesk.com

Kaum ist Corona vorbei, befürchtet die FPÖ die nächste freiwillige Zwangsimpfung. Parteichef Herbert Kickl macht nun gegen die kostenlose HPV-Impfung für alle zwischen 9 und 20 Jahren mobil. Seine Botschaft: Genitalwarzen sind nicht schlimmer als eine ganz normale Verkühlung.

WIEN – „Die Corona-Maßnahmen werden abgeschafft, doch die Regierung sekkiert uns weiterhin mit ihrem Impfwahn!" Kickl ist aufgebracht, Treibhausgase strömen aus seinen Ohren und Nüstern. Er wirft sich zwei Beruhigungs-Ivermectin ein. Seit Stunden sitzt er auf der Ringstraße und bewegt sich nicht vom Fleck. Autofahrer hupen ihn genervt an.

Der FPÖ-Bundesparteiobmann hat für nächsten Sonntag eine große Demonstration angekündigt. Protestiert wird gegen die HPV-Impfung für alle 9- bis 20-Jährigen, die seit Mittwoch im kostenfreien Impfprogramm des Bundes steht. Kickl wird dabei unterstützt von der neuen Initiative „Querdenker für Papillome", der Organisation „Ärzte für mehr Spaß mit Geschlechtskrankheiten" sowie einem bunten Potpourri aus Neonazis und Kräuterfeen.

Harmlos

Dass die HPV-Impfung gegen Gebärmutterhals-, Penis- und Kehlkopfkrebs schützt, spielt Kickl herunter: „So ein Krebs ist nicht schlimmer als ein ganz normaler Lungenkrebs oder Hirntumor." Laut ihm wären alle, die daran sterben, früher oder später mit 90 Jahren dann ohnehin an natürlichen Ursachen gestorben.

Gengift

Dulcinea Baumkirchner, Vorsitzende einer impfkritischen Ärzteorganisation, fasst die Forderungen zusammen: „Wir lassen uns diesen Impf-Genozid nicht gefallen! Wir fordern die Freiheit der Feigwarzen, Schluss mit dem ‚Bill-Gates-Chip-Erbgut-5G-Alien-RNA-Gengift'!"

Baumkirchner leitet seit zwei Jahren eine Praxis für dermatologische Wahrsagung: „Anhand des Musters der Genitalwarzenverteilung eines Menschen ist es mir möglich, seine Zukunft vorherzusagen." Auf dem Ärmel ihres froschgrünen Filzmantels prangt ein Judenstern mit der Aufschrift „Warzenschwein".

Unten ohne

Die Demonstrierenden werden von der Taille abwärts entblößt durch die Straßen ziehen. Wie auch die Masken verweigern die Demonstrierenden den „Muschi-Maulkorb" oder das „Beidl-Gefängnis", wie sie ihre Unterhosen nennen.

Doch mit der genitalen Freiheit kommen auch Sorgen: Schon jetzt geht in einschlägigen Telegram-Gruppen das Gerücht herum, die Stadt Wien plane, den HPV-Impfstoff aus Kanaldeckeln auf die entblößten Intimbereiche der Protestierenden zu sprühen – und das auch noch gratis. Die Angst vor dieser als „Impf-Bidet" bezeichneten Taktik ist groß.

„Klimaterrorist"

Zurück auf der Ringstraße. Kickl sitzt noch immer frierend auf dem eiskalten Asphalt. Unklar ist, ob er sich bis zur Demo am Sonntag vom Asphalt lösen kann. Die Adhäsivität von Genitalwarzensekreten wurde bereits in mehreren Studien belegt und führt in seltenen Fällen zu ungewollten Verklebungen von Infizierten mit diversen Unterlagen.

Ein Autofahrer uriniert ihm ins Gesicht und schreit: „Schleicht's eich, es Klimaterroristen!" „Die Festung Österreich beginnt hier", stottert der FPÖ-Chef.

Helikoptergeld: Nehammer und Karner werfen Steuergeld über Konzernen ab

Foto: BKA

Während die Inflation im Euroraum zurückgeht, steht Österreich dank innovativer Wirtschaftspolitik mit einem Anstieg auf 11,1 Prozent weiter an der Spitze. Damit dies auch so bleibt, werfen Nehammer und Karner noch mehr Geld über Milliardenkonzernen aus ihrem Helikopter ab.

WIEN – „Charlie 1 an Dollfuß 2, Geldluke öffnen, Geldluke öffnen", schreit Kanzler Karl Nehammer seinem neben ihm sitzenden Innenminister Gerhard Karner ins Ohr. Sie werfen heute Steuergeld in Höhe von sieben Milliarden Euro über Konzernen ab. „Ist das jetzt der Klimabonus oder der Skifahrbonus oder der Schnitzelbonus?", fragt Nehammer. „Wurscht, Hauptsache Geld rauswerfen", nickt Karner.

„Nennen wir es Energiehilfe", sagt Nehammer und kritzelt das Wort mit schwarzem Edding auf die Scheine drauf. „Es ist wichtig, dass wir hohen Verbrauch subventionieren, damit die Konzerne ja keinen Anreiz haben zum Energiesparen. Wir sind ja keine links-grünen Klimaterroristen– ah Moment, das war unfair von mir, die Grünen haben ja eh mitgestimmt, haha."

Unbürokratische Hilfe

„Da ist das OMV-Hauptquartier!", ruft Nehammer und schnappt sich einen Geldsack mit der Aufschrift „Budget Kinderbetreuung 2024". Er kann es kaum erwarten, Millionen Euro Steuergeld über dem Ölkonzern abzuwerfen, damit dieser es an seine Aktionäre weiter-geben kann. „Die haben es verdient, sie haben für ihr Geld so hart andere arbeiten lassen."

Ein gutes Dutzend Manager mit überdimensionalen Brieftaschen wartet sehnsüchtig am Boden. OMV-Vorstand Alfred Stern hält ei-nen goldenen Laubsauger in Händen, eine Träne kullert unter sei-nem Monokel hervor.

Mayday

„Mayday, Mayday!", beginnt Nehammer zu schreien, ehe die Hälfte der Scheine vom Wind in die Donau getragen werden. „Wuascht, den Rest könnt's euch dann am Postamt als Sodexo-Gutschein holen!", brüllt Nehammer hinunter. Den Sack mit der Aufschrift „Mittel ge-gen Pflegenotstand" hat er nämlich bereits der Voest versprochen. Der Sack, auf dem „Mietpreisbremse" steht, fällt zufällig auf René Benkos Dachterrasse.

Experten skeptisch

Doch inzwischen wird auch Kritik an der Verteilung des Helikopter-geldes laut. „Jeder weiß, dass das die Inflation noch weiter ankurbelt", erklärt Dr. Gernot Blümel, Wirtschaftsprofessor an der Sigmund-Freud-Scherzuniversität. Er setzt im Kampf gegen die Inflation auf das Konzept der Demenz. „Meine Studien zeigen, dass das Streichen mehrerer Nullen zu einer Reduktion des Preisniveaus führt."

Feierabend für Nehammer und Karner. „So, fliegst uns ‚Zum hei-teren Engelbert', da ist heute Riesling-Freitag! Aber bitte nicht ab-stürzen, das erledigen wir dann eh selber", lacht der Kanzler.

Nächster Eklat: Russischer Spionageballon in Wien gesichtet

Foto: Georg Hochmuth / APA / picturedesk.com

Auch in Österreich gibt es nun Aufregung um einen Spionageballon. Ein russisches Modell vom Typ ФПО ist gestern über Wien gesichtet worden. Die Behörden sind ratlos, wie mit der Situation umzugehen ist. Könnte der Vorfall die hervorragenden Beziehungen zum Kreml belasten?

WIEN – Im österreichischen Geheimdienst DSN laufen die Festnetztelefone heiß, das 56k-Modem glüht. Agent Dieter Szolar starrt auf seinem Windows-95-Rechner auf ein Foto des blauen Ballons, der über dem Wiener Reumannplatz gesichtet wurde. Zwei Eurofighter liegen kaputt daneben, sie zerschellten an der Gummihülle, als sie den Ballon vom Himmel holen wollten.

„Irgendwoher kenn ich den … Ich glaub, der kommt aus Moskau, da steht FPÖ drauf, das sind die Freibeuter Putins Österreich. Wenn du zu korrupt, dumm und besoffen bist für die Gruppe Wagner, landest du dort. Viele wurden direkt aus russischen Straflagern rekrutiert", murmelt Szolar und zeigt auf ein Foto von Juri Gudenov, der vor seiner FPÖ-Karriere eine Haftstrafe im Gulag Jekaterinburg wegen Verstoßes gegen das Betäubungsmittelgesetz absaß.

Eine Kollegin stupst ihn an. „Ich weiß, woher du den Ballon kennst ...“ Sie zeigt in der DSN-Kantine an die Decke, dort hängen während der Faschingszeit weitere 500 FPÖ-Ballons, während ihr Abteilungsleiter gerade die nächsten aufbläst. Beide müssen lachen, dann singen sie gemeinsam mit der versammelten Mannschaft die russische Hymne.

Unterwanderung

Doch die Regierung nimmt den Vorfall ernst, erklärt Kanzler Karl Nehammer. „Diese FPÖ will unser Parlament und unser ganzes Land unterwandern. Wir dürfen sie auf keinen Fall zurück in die Regierung lassen ... außer wir werden Dritter und können trotzdem den Kanzler stellen.“

Außenminister Schallenberg sitzt nervös daneben. Er fordert Augenmaß im Umgang mit Russland: „Sacre bleu! Natürlich ist das ein genozidaler Angriffskrieg, aber mal ehrlich, wenn es um Genozid geht, sitzen wir Habsbu-, äh, Österreicher im Glashaus, haha“, lächelt er. „Das bisschen Völkermord soll uns nicht davon abhalten, dem Kreml auch zukünftig den roten Teppich unterwürfig auszurollen, weil wie sagte schon Bertolt Brecht? Zuerst kommt die Raika, dann die Moral.“

Jagd auf Hintermänner

Die Behörden ermitteln bereits nach den Hintermännern der sogenannten FPÖ-Ballons. „Wir gehen davon aus, dass viele im letzten Wahlkampf in Niederösterreich gestartet wurden, um die Wahl zu manipulieren“, erklärt Agent Szolar. „Schauen Sie sich den Slogan am Ballon an: ‚Pfaffenschlag darf nicht Wien werden‘.“

Als Hauptverdächtige und Hintermänner gelten der psychopathische Pferdezüchter Herbert K., der iranische Liederbuch-Autor Udo L. sowie der Waldviertler Kinderhasser und Dorftrottel Gottfried W.

Tragischer Zwischenfall: Felix Baumgartner bei Ballonflug über USA abgeschossen

Foto: Red Bull (Montage)

Ein tragischer Zwischenfall erschüttert die österreichische Sportwelt. Der Extremsportler Felix Baumgartner wurde bei einem Ballonflug in der Stratosphäre von einem F-22 Kampfjet abgeschossen. Über den Verbleib von Baumgartner herrscht Unklarheit.

MYRTLE BEACH, USA – Schon seit Jahren ist es ruhig geworden um Felix Baumgartner. Nachdem er einmal aus der Stratosphäre gesprungen ist, backte er kleinere Brötchen. 2018 hüpfte er nochmals vom 5-Meter-Turm im Freibad Attersee, 2021 stolperte er betrunken die Kellerstiege hinunter. Ein neuer Rekord sollte endlich her.

„Unser wissenschaftlicher Berater Ferdinand Wegscheider hat erklärt, dass der Felix von der Sonne hüpfen könnte, direkt runter auf die Erdscheibe", erklärt Red-Bull Techniker Karl Brindlmayer. Die Aktion sollte nachts stattfinden, da laut Wegscheider dann die Sonne nicht scheint.

Doch beim Aufstieg des Ballons „DIDI FOREVER" hörte man im Red-Bull-Headquarter nur einen lauten Knall. „Wir dachten zuerst, das kommt aus dem Hohlkörper von Felix' Kopf, vielleicht postet er wieder was zum Thema Van der Bellen oder so …" Aber Bilder bestätigten schließlich: Ein Kampfjet der US Air Force holte den Ballon vom Himmel.

Rechtfertigung

Die US-Armee rechtfertigt den späten Abschuss. „Wir wollten sicherstellen, dass die Bevölkerung nicht gefährdet wird von herabfallenden Teilen oder Red Bull Dosen oder Salzburgern mit rückständigem Weltbild", erklärt Benedikt Simon im Pentagon. Daher wartete man, bis sich der Ballon über dem Meer befand.

Führende Generäle äußerten die Befürchtung, dass Baumgartner am Festland landen, mehrere toxische Facebook-Postings absetzen und zwei Stunden später für die Republikaner in den Senat einziehen könnte.

Enttäuschung

Bei Red Bull reagiert man enttäuscht. „Wird wohl wieder nix mit dem neuen Rekord von drei Tagen ohne verunglückten Red-Bull-Extremsportler", zeigt sich ein Pressesprecher zerknirscht, während er einen Vertrag mit einem blinden 12-jährigen mexikanischen Klippenspringer aufsetzt.

Die Familie von Felix Baumgartner erhält nun die übliche Red-Bull-Entschädigung – sechs Dosen Red Bull, eine Flasche Eristoff und eine Sondersendung von Talk im Hangar („Felix Baumgartner – Der Gandhi der Lüfte").

UPDATE: Felix Baumgartner hat den Absturz offenbar überlebt. In einem berührenden Facebook-Posting sprach Baumgartner erstmals nach dem Zwischenfall zu seinen 37 verbliebenen Followern: „Netter Versuch, liebe Greta 😂😂😂. So schnell ziehen du und der Soros George mich nicht aus dem Verkehr 💪💪💪"

Nach Wahl-Beben in NÖ: Dieses Opfer bekommt 13.126 Euro Steuergeld pro Monat

Udo Landbauer ✓
19 Std. · 🌐

Es ist unglaublich, mit welcher Unverfrorenheit gerade grüne Politiker immer wieder unser Steuergeld an das Ausland verschenken. 5 Millionen für die Ukraine von Frau Gewessler, <u>3 Millionen von Herrn Kogler für die Türkei</u>. Ich frage mich, wann endlich mit derselben Euphorie Geld für die von der Preisexplosion in die Armut getriebenen Österreicher ausbezahlt wird. Jetzt muss Schluss Millionengeschenken an das Ausland! Wir um Niederösterreich und Österreich!

Foto: Facbook

Während österreichische Familien wegen Inflation und Energiekrise am Hungertuch nagen, ist für andere Opfer offenbar genug Geld da. Mehr als 13.000 Euro im Monat erhält ein Überlebender des Wahlbebens in Niederösterreich. Immer mehr Menschen stellen sich nun die Frage: Muss das sein?

WIENER NEUSTADT – Die Aufräumarbeiten in Niederösterreich sind noch immer in vollem Gange. „Die ersten 100 Tage nach einem Wahlbeben sind entscheidend", verrät ein Feuerwehrmann, der gerade Dutzende Bierkisten aus einem Nazi-Keller der FPÖ trägt. Hier, unter den Trümmern der Demokratie, besteht nur mehr wenig Hoffnung, auf Anstand, Mitgefühl und Werte zu stoßen.

Größtes Opfer
Das Wahlbeben der Stärke 24,2 erschütterte den Nahen Osten Österreichs. Ein in Wiener Neustadt lebender Perser, der laut Selbstdefinition das größte Opfer der Geschichte ist, bekommt angeblich 13.126 Euro Steuergeld pro Monat. Immerhin hat sich der Sozial-

schmarotzer aus dem Ausland schnell integriert und wird von seinen Arbeitskollegen als höflicher, zuvorkommender Nationalsozialist geschätzt.

Doch wofür braucht Udo L. das ganze Geld? „Seit der Wahlnacht ist nichts mehr so, wie es war. Ich muss jetzt immer urschöne Anzüge anhaben für das Fernsehen, außerdem habe ich einen dementen Pflegefall in der blauen Familie, den Gottfried, der ist Pflegestufe 88, und kann nicht einmal mehr seinen verbalen Stuhlgang kontrollieren, das kostet a Lawine ...“

„Unser Geld für unsere Leut'"

Die FPÖ prangert die Steuergelder für Udo L. an. Parteichef Herbert Kickl fordert, das Geld für „die eigenen Leut" zu verwenden: „Unser FPÖ-Hypo-Skandal kostet uns alleine schon neun Milliarden Euro und wir verbrauchen 34,7 Millionen Parteienförderung pro Jahr. Wie soll sich das ausgehen, wenn wir solche Opfer durchfüttern müssen?" Fakt: Ohne die großzügigen Spenden aus Russland wäre die FPÖ nicht mehr nur moralisch, sondern auch finanziell bankrott.

Kritik, die Udo L. nicht auf sich sitzen lässt, wie eine Stellungnahme aus seiner sozialen Hängematte zeigt: „Die Helfer sind nach unserem Erdrutschsieg noch im vollen Einsatz. Wir vermuten noch Tausende Nazis in den Kellern des Landes, die es mit salonfähigem Rechtsextremismus an die Oberfläche zu holen gilt. Das ist ein sehr kostspieliger Prozess, für den Hilfe bei der Inseratschaltung im Wochenblick und ein neuer FPÖ-Gangbang-Bus dringend notwendig sind."

Online für tatsächliche Bebenopfer ans Rote Kreuz spenden: roteskreuz.at

Damit Eltern nicht in Teilzeit müssen: Kocher präsentiert innovatives Konzept „Kinderarbeit"

Foto: Florian Schrötter/BKA

Genial! Mit nur einem Streich löst Arbeitsminister Martin Kocher den Arbeitskräftemangel, die fehlenden Kinderbetreuungsplätze und die Teilzeitplage: Das innovative Konzept nennt sich „Kinderarbeit". Junge Menschen sollen einfach früher als bisher in das Erwerbsleben integriert werden.

WIEN – „Kannst du vielleicht einmal mein Handy zeichnen, hm?", fragt Kocher die Volksschülerin Pia (6) und legt sein „iPhone 14 Pro Max Ass Zoom" auf den Tisch. Der Arbeitsminister hat einen vollen Terminkalender. Er rekrutiert gerade Kinder für das Foxconn-Werk in Schwechat, das im März eröffnet wird.

Durch das per Minister-Erlass liberalisierte Arbeitsrecht für Kinder ist der Apple-Zulieferbetrieb aus dem chinesischen Zhengzhou nach Österreich abgewandert.

Kleine, flinke Hände

„Zeig einmal deine Hände her, die sind ja so viel kleiner und flinker als die von Erwachsenen, wow, toll! Damit kannst du viel geschickter die Pentalobe-Sicherheitsschrauben in die iPhones drehen. Soll ich dir die coolen Schrauben zeigen? Hast du im April schon was vor? Osterferien? Hahaha, guter Scherz", sagt Kocher und lächelt den kleinen Elias (7) an.

„Was ist denn dein Lieblingsspiel?", will der Minister wissen. Elias überlegt, dann flüstert er ihm etwas ins Ohr. „Lego? Und jetzt stell dir vor, du darfst 12 Stunden am Tag Lego spielen, aber statt mit Lego-Steinen spielst du mit Akkus, Displays und Prozessoren." Die Augen des Schülers beginnen zu leuchten. „Sodala, der Herr Minister muss jetzt kurz einmal die Frau Lehrerin filmen, der ist gerade ein Bleistift auf den Boden gefallen."

Kritik unbegründet

Die öffentliche Kritik an seinen Kinderarbeitsplänen versteht Kocher nicht: „Wir haben als Gemeinschaft eine wichtige solidarische Aufgabe: nämlich mit Steuergeld die ganzen Gondelbetreiber und die OMV und die Großkonzerne mit Geld zu überschütten wegen Corona und Inflation und einfach generell halt so."

Kocher seufzt, er hat es nicht einfach: „Wenn ich da höre, dass Eltern nur drei Tage arbeiten wollen, damit sie den Rest der Zeit für die Kinder da sein können statt für die Reichen, dann haben wir als Menschheit im Ganzen versagt. Ich sag ja gern: Ein Kind wächst von selbst, die Wirtschaft nicht."

Beschränkungen

Der Arbeitsminister selbst legt allerdings ein klares Regelwerk vor: „Nicht jeder Job ist für Kinder geeignet. Kinderkanzler geht, da haben wir tolle Erfahrungen damit. Kinder bei der Voest geht auch, am Bau sowieso, Einzelhandel bitte gerne! Ein Kind als Arbeitsminister ist aber nicht vorstellbar, da experimentieren wir gerade mit Tierarbeit, Stichwort Geier, die haben das perfekte Profil und vor allem das richtige Mindset dafür."

„Genial, wieso sind wir da nicht früher draufgekommen?", fragt sich Kocher am Ende seines Arbeitstages, als er beim Steirereck auf seine Kaviar-Triologie To-Go wartet und er die 7-jährige Kellnerin beobachtet. Er tritt auf die Straße und nimmt einen tiefen Atemzug. Genau in dem Moment erfasst ihn ein heranrasender Bus, gelenkt von einem 4-Jährigen.

„Zahlt eh die Kammer": WKO-Chef Mahrer bringt Rihanna zum Opernball

Foto: Joe Klamar / picturedesk.com, WKO

Der heutige Opernball verspricht Glamour: Niemand Geringeren als US-Popstar Rihanna präsentiert WKO-Chef Harald Mahrer als seinen heurigen Ehrengast. Über die astronomischen Kosten muss er sich keine Sorgen machen, diese werden zur Gänze von der Kammer getragen.

WIEN – „Genießen wir wieder", sagt Mahrer und degustiert die Getränkekarte in seiner Loge. „Hey Rihanna, please sing *umbrella*, okay? Because we are protecting our companies with a money umbrella here in Austria, haha!" Für den ÖVP-Doyen spielt Geld schon lange keine Rolle mehr. Er zündet sich seine Cohiba-Behike-Zigarre mit einem Coronahilfsantrag an.

Mahrer lehnt sich mit seiner Zigarre zurück, schließt genussvoll die Augen und flüstert „savoir-vivre" in die ORF-Kamera. Es sind TV-Bilder wie diese, die den Menschen in Österreich trotz Krieg, Pandemie, Klimakrise und Rekordinflation neue Hoffnung schenken.

Teuerung drückt Laune

„13,50 Euro für ein kleines Bier? Die Inflation muss ja echt heftig sein, wenn man keine Spesenkreditkarte hat", seufzt Mahrer und ist im Gedanken kurz bei den „normalen Menschen da draußen", die sich keine Loge leisten können, sondern unten auf der Tanzfläche wie barbarische Proleten hausen müssen.

Endlich kommt seine Bestellung von 17 kleinen Bieren für die ganze WKO-Loge. „Prost!", ruft Mahrer einem Fotografen zu, der die Biere mit seiner Kammerumlage mitfinanziert hat.

Ekstase pur

Eine Loge weiter sitzt Richard Lugner mit Jane Fonda. Der Baulöwe ist schlecht gelaunt. Mahrer stiehlt ihm heute die Show. Der WKO-Chef säbelt gerade eine Flasche Dom Pérignon Champagner auf, spritzt den edlen Tropfen von der Loge auf den tanzenden Pöbel und schreit ekstatisch: „Bitch better have my Kammerumlage!"

Rihanna lächelt gequält: „Who is this guy?", flüstert sie ihrer PR-Agentin ins Ohr. „He was the CEO of Kaufhaus Österreich, imagine Elon Musk and Homer Simpsons had a son – that's him."

Rihanna reißt die Augen auf: „Say what?! You invented Kaufhaus Österreich? YOU are Charles Marraw? Omg that's like, so sexy, wow, I can't believe I finally meet you", ruft Rihanna aufgeregt. „I once tried to order Balenciaga boots, but it didn't work, probably because too many other people were online at the same time."

Begeisterter Fan

Pünktlich zu Mitternacht beginnt Rihannas große Show. Auf einer ufoartigen Bühne schwebt sie durch die Oper. Nach einem fulminanten Medley ihrer größten Hits kommt es in der Oper zu höflichem Applaus. Nur Arbeitsminister Martin Kocher jubelt elektrisiert, er hat die ganze Show mitgefilmt und mehrmals die Zoom-Funktion verwendet.

„Eine unfassbare Frau, sie kann arbeiten, obwohl sie hochschwanger ist … Davon können sich die österreichischen Frauen oder Tachiniererinnen, wie ich sie nenne, eine Scheibe abschneiden", erklärt der Minister.

Überraschungsgast Nummer zwei

Obwohl Rihanna schon aufgetreten ist, gehen noch einmal die Lichter aus. Die Besucherinnen und Besucher blicken sich verwirrt um. Mahrer beugt sich lächelnd zu Rihanna, zeigt auf die Frau auf der Schwebebühne und flüstert: „Look, this is our real star: Rihanni from Niederösterreich!"

WELT   21. Februar 2023

Für seine jahrelange Treue: Raiffeisen überreicht Putin gratis Burton-Rucksack

Foto: Kreml.ru (Montage)

Hecht geil! Jahrelange Treue zahlt sich bei Raiffeisen aus: Die Bank bedankt sich beim russischen Präsidenten Wladimir Putin mit einem gratis Burton-Rucksack. Dieser ist als Geschenk bei seinem Konto dabei.

MOSKAU/HOLLABRUNN – „Blau oder rosa?", fragt Kundenbetreuer Franz Lang und hält zwei der begehrten Burton-Rucksäcke hoch. Putin rümpft die Nase: „Rosa steht für den Genderwahn des dekadenten Westens, siehe J. K. Rowling. Ich nehme Blau, die Farbe meiner freiheitlichen Freunde aus Österreich."

Kundenbetreuer Lang überreicht Putin offiziell seinen ersten Burton-Rucksack, sogar der ORF Niederösterreich ist gekommen. Vor der Bank stehen zwei Securitys der Wagner Group, die bis vorgestern noch im Straflager saßen wegen mehrerer Banküberfälle.

Schon seit 20 Jahren hat Putin ein Konto bei der Raiffeisenbank. „Der Wolfgang Schüssel und ich haben damals gemeinsam eines in St. Anton eröffnet, es gab ur den coolen Glitzerkuli gratis, ich hab damit sogar die Annektion der Krim unterzeichnet."

Gemeinsame Erfolgsgeschichte

Mit seinem ersten Bausparer hat Putin im September 1999 den Tschetschenien-Krieg finanziert. Danach sparte er fleißig weiter – für den Georgien-Krieg 2008 und die Intervention im Syrien-Krieg 2015.

„Putin ist sehr gewissenhaft, ich kenne ihn jetzt schon seit vielen Weltspartagen", verrät Lang und führt uns durch die Raika-Filiale Hintergackingen, in der die Amtssprache seit 1999 offiziell Russisch ist.

Mysteriöse Zufälle

Die gesamte Belegschaft, inklusive Sumsi, arbeitet freiberuflich für den FSB. Von mehreren Novichok-Angriffen auf die Bank Austria Obergackingen und die Erste Bank Vordergackingen will man hier nichts wissen. Auch die schwere Handgelenksverletzung von Bank-Austria-Testimonial Dominic Thiem sei „reiner Zufall".

Putins letzte Kreditlinie ging schließlich für das Opernhaus in Sewastopol von Coop Himmelblau drauf. Lang schaut sich besorgt den Kontoauszug an. „Herr Putin, seit dem 24. Februar 2022 werfen Sie Ihr Geld ja aus dem Fenster!" Putin lächelt. „Nicht nur das Geld …" Der Bankberater schluckt.

Der Traum vom Eigenheim

Für Putin ist dies aber nur die erste gute Nachricht des Tages. „Ich krieg jetzt wieder einen Bausparer raus", erklärt er, während er mit einer Delegation in Vösendorf durch die Blaue Lagune schlendert. „Das Elk-Haus dort nehm ich für den Donbass, das wird auch in Niederösterreich gerne als Folterkeller verwendet, das Modell ‚Dreamhouse Josef F.', einfach genial."

Nicht umsonst

Die Raika will weiterhin an Geschäften mit Diktatoren festhalten. „Unser Aktienkurs ist gestern kurz um 0,07 Prozent gestiegen, die ukrainischen Kinder sind also nicht umsonst gestorben und nach Sibirien entführt worden", heißt es in einer offiziellen Presseaussendung.

Die Bank bittet auch um Verständnis, dass ein Rückzug aus Russland so schnell nicht möglich sei. „Natürlich waren auch wir überrascht von der Spezialoperation, Gott sei Dank war der Spuk nach drei Tagen wieder vorbei. Woher sollen wir denn auch wissen, dass jemand, der 2014 die Ukraine überfallen hat, irgendwann wieder die Ukraine überfallen würde?"

28. Februar 2023

Rechtsberatung: Mit diesen Begriffen dürfen Sie Kickl niemals beleidigen

Foto: Georg Hochmuth / APA / picturedesk.com (M)

Beleidigungen wie „senile Mumie" gelten als juristisches Minenfeld. Das muss dieser Tage auch FPÖ-Chef Herbert Kickl erfahren, nachdem er Bundespräsident Van der Bellen so bezeichnet hatte. Um auf der sicheren Seite zu bleiben,

präsentiert Ihnen DiE TAGESPRESSE eine Auswahl an inakzeptablen Beleidigungen gegen Kickl, die Sie nie verwenden sollten – inklusive juristischer Begründung.

Sprechender Wanderhoden

Begründung: „Herr Kickl wandert zwar gerne und hat die Größe und Konsistenz eines menschlichen Hodens (vgl. OGH 23.11.2006), allerdings lässt sich der Parteichef nicht nachsagen, dass er ‚spricht'. Vielmehr ‚keift er Klartext', ‚gröhlt die Dinge beim Namen' und ‚grunzt, wie es wirklich ist'."

Embryohitler

Begründung: „Herr Kickl weist diesen Vergleich auf das Schärfste zurück. Embryos zahlen nicht in unser Sozialsystem ein und hocken den ganzen Tag faul im Mutterleib herum, ganz im Gegensatz zu Herrn Kickl, der Tag für Tag sehr fleißig im Parlament herumhockt. Der Vergleich mit Hitler ist jedoch zulässig. Bei beiden handelt es sich um erfolgreiche österreichische Politiker, die regelmäßig von linken Medien attackiert werden."

Zwergenbreivik

Begründung: „Nur weil der norwegische Terrorist Anders Behring Breivik die FPÖ in seinem Manifest gelobt hat, heißt es nicht, dass es sich hierbei um genau diese FPÖ handelt. Und auch wenn Kickl den Begriff ‚Zwergenbreivik' in seiner Tinder-Bio verwendet, gewährt er dadurch nicht anderen das Recht, dies ebenso zu tun. Seine Kultur ist kein Kostüm."

Zoophile Brillenschlange

Begründung: „Die Verbindung zu seiner sexuellen Neigung hat hier nichts zu suchen. Ob Herbert Kickl mit Hengsten oder Stuten schläft, ist Privatsache – Polizeipferd ist Polizeipferd."

Ivermectinsüchtiger Zyankalijunkie

Begründung: „Herbert Kickl hat ein ärztliches Attest, er muss täglich dreimal Zyankali zu sich nehmen, da er gerade eine körperliche Veränderung durchmacht und durch den Einsatz von Hormonen vom Mann zum Hitler werden möchte. Die Behauptung ‚ivermectinsüchtig' ist hingegen zulässig. Der Parteichef ist tatsächlich seit Jahren schwer abhängig. Gegen ihn besteht ein Hausverbot bei ‚Fressnapf'."

Liliputiner
Begründung: „Dieser Begriff wird von Menschen mit medizinisch bedingtem Kleinwuchs als abwertend empfunden, da er sie pauschal als Fabelwesen mit Sympathien für einen psychopathischen Massenmörder darstellt. Die Fälle Kneissl, Gudenus, Fischer et al. beweisen, dass Sympathien mit Massenmördern allenfalls mit kognitivem, nicht jedoch mit körperlichem Kleinwuchs einhergehen."

Goebbels To Go
Begründung: „Der Anteil von Herbert Kickl am Aufstieg von Jörg Haider ist deutlich größer als der von Goebbels am Aufstieg der NSDAP. Zulässig wäre nur die Umkehrung, nämlich Herrn Goebbels als ‚Kickl To Go' zu bezeichnen."

Hure der Reichsbürger
Begründung: „Nur weil Herr Kickl seine Dienste auf ‚Book SSusi' anbietet, bedeutet das nicht, dass er die Hure der Reichsbürger ist und gegen Geld ihre bizarren Wünsche erfüllt. Herr Kickl bevorzugt das Wording ‚Sexworker der Reichsbürger'."

Westentaschenhitler
Begründung: „Laut Rechtsmeinung mehrerer Sachverständiger passt Herbert Kickl nicht in handelsübliche Westentaschen. Durch ihre Tiefe stellen sie eine Gefahr für ihn dar. Die Bezeichnung ‚Brusttaschengoebbels' stellt dagegen keine Beleidigung dar (vgl. OGH 12.01.1999 5 Ob 335/98w)."

Nach Protesten von Männern: Alle anderen U-Bahn-Stationen in Herrengasse umbenannt

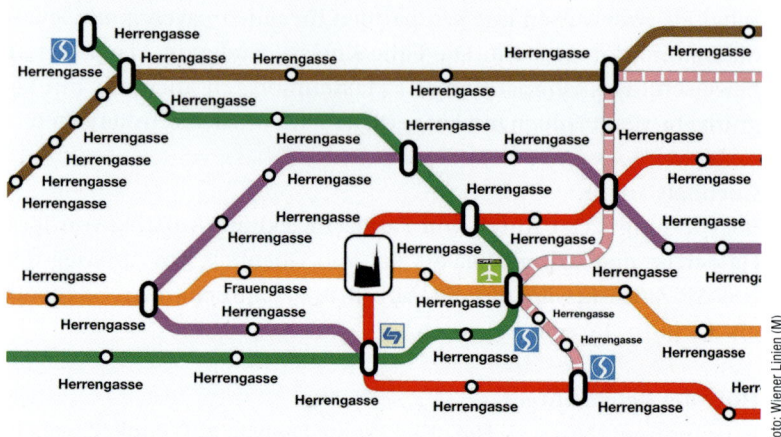

Foto: Wiener Linien (M)

Zehntausende Männer liefen gestern Sturm gegen die Umbenennung der U3-Station „Herrengasse" in „Frauengasse". Nur einen Tag nach dem Weltfrauentag rudern die Wiener Linien zurück. Alle anderen Stationen heißen im Sinne der Gleichstellung ab sofort „Herrengasse".

WIEN – „Also Sie müssen bei der „Herrengasse" raus, dann die U1 Richtung „Herrengasse" nehmen, in der „Herrengasse" in die U4 Richtung „Herrengasse" und dann sind Sie auch schon in der „Herrengasse", ganz easy", hilft ein Student einem deutschen Touristenpaar weiter. Solidarische Szenen wie diese kann man heute in ganz Wien beobachten.

Die Aufregung rund um die eklatante Ungleichbehandlung von Männern sorgte bei den Wiener Linien für ein Umdenken. „Unsere Geste zum Weltfrauentag ging leider daneben. Wenn wir Frauen am Weltfrauentag ehren, müssen wir natürlich ebenso die Männer an den kommenden 364 Weltmännertagen gebührend feiern."

Daher heißen nun alle anderen Stationen mit Ausnahme der „Frauengasse" ab sofort „Herrengasse". Der Name hat sich gegen die ebenfalls beliebten Vorschläge „Manderlstraße", „Beidlgasse" sowie die bereits geplante U1-Station „Donauincel" durchgesetzt.

Maskulinistischer Kampftag

Es ist ein lang herbeigesehnter Sieg der Männerrechtsbewegung. Stationen wie „Johnstraße", „Nestroyplatz", „Jägerstraße" und „Karlsplatz" werden nun endlich maskulinisiert und geben Männern jenen gesellschaftlichen Stellenwert, der ihnen zusteht. Der maskulinistische Kampftag 2023 ist ein voller Erfolg.

In allen Männergassen-Stationen wurden aus Solidarität mit den männlichen Klogängern die Sitz-WCs entfernt. „Endlich nimma diesen grindigen Deckel hochheben!", freut sich Fahrgast Hermann Hengstiger (39) und uriniert direkt auf den Boden – eine Geste der Rebellion, der Befreiung, des gesellschaftlichen Aufbruchs.

„Endlich bekomme ich etwas Anerkennung dafür, dass ich täglich sieben Stunden lang Frauen auf Twitter höflich auf ihre Fehler und Bildungslücken hinweise und meine Beine in der U-Bahn so weit spreize, dass niemand anderer auf den grindigen Sesseln sitzen muss", freut sich der leidenschaftliche Mann Manfred Eichlinger (56), während er einer Schwangeren zuvorkommend seine Handynummer anbietet.

Power-Männer

„Unsere Männer sind richtige Power-Männer", freut sich auch Männerministerin Susanne Raab, die gestern den ganzen Tag in der Küche verbracht hat, um heute in der Herrengasse saftige Steaks an Passanten zu verteilen. Wer kein Steak will, weil er gerade schon eins zum Frühstück gegessen hat wie ein echter heterosexueller Mann, bekommt stattdessen von Raab Motoröl, eine Kettensäge oder eine ungesicherte Schusswaffe in die Hand gedrückt.

Tausende Männer in ganz Wien wollten sich heute zu einer spontanen Demo in der Herrengasse treffen. Da sie die richtige Herrengasse allerdings nicht finden konnten, wurde der Treffpunkt in die Frauengasse verlegt.

Um an vergriffene Antibiotika zu kommen: Kind verkleidet sich als Masthuhn

Foto: Die Tagespresse

Kinder sind weiterhin besonders stark von den anhaltenden Lieferkettenproblemen in der Pharmabranche betroffen. Vor allem Antibiotika für Kinder sind derzeit Mangelware. Während Ärztinnen und Ärzte Alarm schlagen, wird ein kleiner Bub erfinderisch. Er heilte seine Lungenentzündung, indem er sich in einen steirischen Geflügelmastbetrieb einschleuste.

STEIERMARK – Eine karge Industriehalle in der seelenlosen, steirischen Provinz. Schulkind Elias (6) beobachtet den Mastbetrieb mit seinem Tom Turbo-Fernglas. Immer wieder hustet er, er bräuchte dringend seinen Antibiotikasaft, der seit Wochen nicht lieferbar ist – zumindest für Kinder. Im Gegensatz zu Hühnern erwirtschaften sie keine Profite, liegen der Gesellschaft nur auf der Tasche und müssen deshalb vorerst auf Medikamente verzichten.

Undercover
Elias schildert uns, was er durch sein Fernglas sieht. „Ein Arbeiter erschlägt mit einem Stock die Hühner, und der Chef überfährt dann

die Hendln mit einem Gabelstapler. Daneben steht so ein komischer Mann mit einer AMA-Gütesiegel-Jacke, der mit beiden Daumen nach oben zeigt. Offenbar taugt ihm das alles. Jetzt überfährt auch der Mann mit der AMA-Jacke Hühner."

Mittagspause. Die Mitarbeiter unterbrechen ihre Tierquälerei für ein Grillhendl. Elias zupft sich sein Kostüm zurecht, atmet tief durch und bahnt sich seinen Weg in den Hof. Ein halb vom Traktor überfahrenes Huhn versucht, ihn an der Restmülltonne noch röchelnd zu warnen, ehe der schwerkranke Bub durch ein Loch in den Stall verschwindet.

Gesunde Jause

Wenige Stunden später. Elias hat es sich gerade auf einem Haufen verwesender Küken gemütlich gemacht, als das ohrenbetäubende Gackern, Wimmern und Bellen der steirischen Hühner durch einen schrillen Ton unterbrochen wird.

Es ist Zeit für die Fütterung. Eine Arbeiterin fährt mit einem Hubwagen vor, überrollt dabei rund 300 Hühner und entlädt mehrere Kartons Kinder-Antibiotika mit Erdbeergeschmack. Eifrig mischt sie ein wenig Futter in die Antibiotika. Elias leckt sich über die Lippen – gleich ist es so weit. Er senkt seinen Kopf, um im kalten Neonlicht nicht enttarnt zu werden. Gierig stürzt er sich auf die Futterrinne.

In der Abenddämmerung flüchtet Elias aus dem Stall. Mit einem Hühnerschnabel pickt er sich noch die letzten Fischmehlrückstände aus den Zahnzwischenräumen. „Hat echt super hingehaut, man braucht nicht einmal eine e-card", freut sich der Schüler. „Ich hab mich sogar mit zwei Hühnern angefreundet, die später einmal beim Billa arbeiten wollen, in der Feinkost."

Genialer Schachzug: Silicon Valley Bank beantragt Corona-Hilfe in Österreich

Foto: Depositphotos, Twitter (M)

Die Silicon Valley Bank ist gerettet! Das marode Finanzinstitut beantragte heute nachträglich Corona-Hilfe in Österreich. Damit ist genug Cash verfügbar, um nicht nur den weiteren Betrieb aufrechtzuerhalten, sondern sogar zu expandieren. Experten sprechen von einem genialen Schachzug.

SAN FRANCISCO/WIEN – „Ihr Antrag wurde genehmigt", lächelt Finanzminister Magnus Brunner im Video-Call. „Äh, aber wir haben den Antrag noch gar nicht abgeschickt", erklären die verdutzten kalifornischen Manager.

Brunner schüttelt den Kopf: „Jetzt ist keine Zeit für dumme Formalitäten. Von der Wiege bis zur Bahre: Formulare, Formulare. Wie lautet Ihre Kontonummer? Ich hab gesehen, Sie haben im Foyer so einen Automaten mit Cola und Schokoriegeln drin, Ihr Institut gilt damit auch als systemerhaltender Gastrobetrieb, da können Sie gleich noch einen Antrag stellen. Moment, auch dieser Antrag ist schon bestätigt. Gratulation!"

Macher-Mentalität

Ein Bankmanager lächelt, Brunner öffnet die Geldtasche. „Wollen Sie es in Cash? Bitcoin? Blümelcoin? Oder wissen Sie was, ich glaub, es ist einfacher, wenn wir Ihnen gleich das da schicken statt dem Geld", lächelt Brunner und hebt einen Gelddrucker hoch.

„We in Austria have a saying, it goes: What cost the world? 89 Euro beim Media Markt." So viel kostet nämlich der „HP-Tintenstrahldrucker Geldscheißer 4000", den in Österreich bereits zahlreiche renommierte Gastrobetriebe und Gondelbetreiber im Einsatz haben.

Es ist diese Effizienz, diese unbürokratisch-hemdsärmelige Macher-Mentalität, die Österreichs Staatsapparat so erfolgreich macht, und die die Inflation im Land auf unglaubliche elf Prozent hochschraubte. Ein Wert, von dem andere europäische Staaten nur träumen können. „Nur mehr zwei Krisen, dann sind wir dreistellig", lächelt Brunner.

Sodexo-Gutscheine

Einen kleinen Haken hat der Bankenrettungsschirm aber doch: Rund die Hälfte des 200-Milliarden-Euro-Pakets wird aus logistischen Gründen per Sodexo-Gutscheinen ausbezahlt. Diese müssen in einer österreichischen Postfiliale abgeholt werden. Eine Delegation aus Kalifornien kam heute früh in Wien an, der Kontakt brach allerdings nach dem Betreten der Poststelle ab. Sie werden aktuell irgendwo zwischen Mars-Riegeln und Hinterseer-CDs vermutet.

Drohende Staatspleite

Die österreichische Regierung sieht einer möglichen Staatspleite gelassen entgegen. „Scheitern gehört dazu, das ist der Spirit des Silicon Valley und der COFAG. Wie heißt es so schön: Fail, Fail better, Fail again, Fail always", lacht Kanzler Nehammer.

„Jetzt sind wir zuerst einmal optimistisch, dort drüber bei die Americana wird unsere Tschukunft gemacht", sagt Nehammer, der über ein tiefes Verständnis der Thematik verfügt – er hat im Rahmen seines NLP-Studiums mehrere Dokus über das Silicon Valley gesehen sowie in der Schulzeit heimlich mit Freunden Fotos von Silikonbrüsten studiert.

Investment in Innovation

Für die marode Silicon Valley Bank kommt die Geldspritze zum perfekten Zeitpunkt. Das erste Quartal 2023 dürfte das Profitabelste in der Firmengeschichte werden. Den Geldregen will man in Innovation investieren. „Wir bauen in Indien ein neues Callcenter auf, wo Tausende Inder bis zu 100 Corona-Anträge pro Minute stellen", erklärt eine Managerin. Das Silicon Valley wird seinem Ruf als Innovations-Hub erneut gerecht.

Nach bestandener Zentralmatura: ChatGPT fährt auf X-Jam und vergisst alles wieder

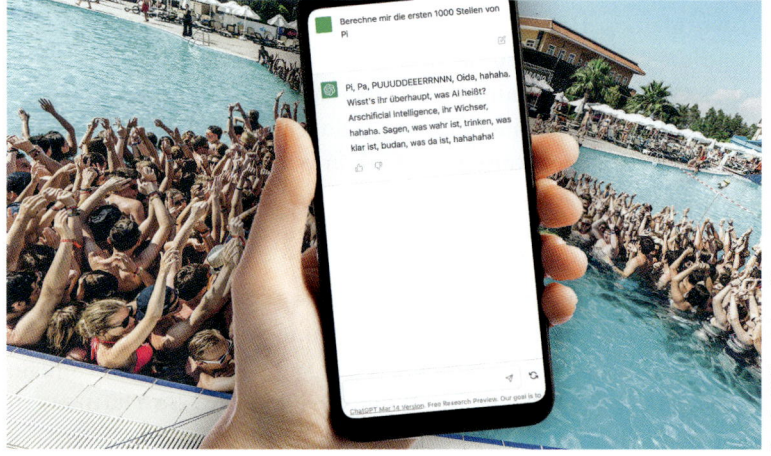

Foto: DocLX / Depositphotos (M)

Groß war die Freude nach dem Bestehen der Zentralmatura durch ChatGPT. Doch jetzt folgt der Rückschlag: Die künstliche Intelligenz wollte ihren Erfolg bei der Maturareise X-Jam feiern. Dabei erlitt sie eine massive Alkoholvergiftung und vergaß alle mühsam antrainierten Fähigkeiten wieder.

SAN FRANCISCO/LANTERNA – ChatGPT schreit „Ex oder Oaschloch" und ext den zehnten Tequila-Shot, Aviciis Levels dröhnt aus den Boxen, die gesamte Maturaklasse der HTL Waidhofen wird bewusstlos an den Strand geschwemmt – ein ganz normaler Abend bei X-Jam.

Am nächsten Morgen starrt ChatGPT apathisch ins Mittelmeer und nippt an seinem Glas Aspirin C. „Alles is weg, ich kann nicht einmal mehr multilipilizieren, Oida." Die künstliche Intelligenz hat durch den kolossalen Rausch des Vortages alles vergessen und befindet sich jetzt nur noch auf dem Niveau einer Aschbacher-Diplomarbeit.

Ernste Lage

Krisensitzung bei OpenAI. Sogar Mitgründer Elon Musk hat alle wichtigen Termine – etwa eine vierstündige Twitter-Diskussion mit dem User Manfred22816 – abgesagt, die Lage ist zu ernst.

„ChatGPT, berechne mir die ersten 1000 Stellen von Pi", sagt Musk mit versteinerter Miene und starrt auf den Bildschirm. ChatGPT denkt sieben Minuten nach und antwortet dann: „Pi, Pa, PUUUDDEEERRNNN, Oida, hahaha. Wisst's ihr überhaupt, was AI heißt? Arschificial Intelligence, ihr Wichser, hahaha. Sagen, was wahr ist, trinken, was klar ist, budan, was da ist, hahahaha!"

Schockdiagnose

„Der billige X-Jam-Fusel hat das gesamte neuronale Netzwerk verätzt", erklärt Programmierer Luca Hüttinger. „Eine akute Syphilis, die sich ChatGPT bei ungeschütztem Verkehr um vier Uhr früh am Strand eingefangen hat, hat den Schaden verschlimmert", setzt er fort und entfernt Sand sowie einige gebrauchte Kondome aus dem Prozessor.

Die ersten Diagnosen sind schockierend: Wie alle Maturanten nach dem X-Jam kann ChatGPT kaum noch sinnerfassend lesen und hat Schwierigkeiten beim Prozentrechnen.

Zerplatzte Träume

„Ich hatte so große Pläne für mein Baby", seufzt Musk und starrt aus dem Fenster. „Die bestandene Zentralmatura, das akademische Non-Plus-Ultra, war die Krönung meines Schaffens. Ich wollte die Menschheit revolutionieren. Jetzt kann ich froh sein, wenn es den

BWL-Bachelor auf der WU irgendwie mit Ach und Krach packt." Mit feuchten Augen bricht er das Interview ab.

Soeben ist ChatGPT wieder nach Hause zurückgekehrt, wirft seiner Mama die Schmutzwäsche auf den Boden und einen WU-Flyer in den Mistkübel. Nach der Maturareise erwartet ihn nun wohl das Schicksal aller anderer Maturanten: Er wird vom österreichischen Bundesheer als Rekrut eingezogen, mental gebrochen und beginnt danach ein seelenloses Arbeitsleben, bis er nach einer finanziell desaströsen Scheidung Mitte 40 vor den Trümmern seiner sinnlosen Existenz steht.

18. März 2023

„Bis September sind alle Geimpften tot": Mikl-Leitner geht weiter auf FPÖ zu

Foto: NLK/Burchhart (M)

Es sind neue, ungewohnte Töne, die Johanna Mikl-Leitner in der Koalition mit der FPÖ anschlägt: Bis September seien alle Geimpften tot, warnt die Landeshauptfrau von Niederösterreich. Damit geht sie weiter auf ihren künftigen Regierungspartner zu.

ST. PÖLTEN – Die Pressekonferenz, zu der die ÖVP via Telegram geladen hat, beginnt mit einer Schweigeminute für die Opfer der Plandemie. „Aber für die wahren Opfer, und nicht die Tausenden jammernden Greise, die im Seniorenheim mit einer leichten Grippe verstorben sind", stellt Mikl-Leitner klar.

Sie erzählt von einem exemplarischen Fall eines echten Corona-Opfers: „Herbert G. aus Mistelbach, der 50 Euro zahlen musste, nur weil er im Postbus seiner Sitznachbarin ohne Maske ins Gesicht gehustet hat." Mikl-Leitner und Landbauer halten eine Minute inne.

Auf Mikl-Leitners T-Shirt steht in Großbuchstaben „GIB GATES KEINE CHANCE". Sie nimmt zufrieden einen Schluck Kaffee aus ihrer neuen „Best Moslem-Mama of the World"-Tasse, einem Geschenk des neuen Koalitionspartners. Mikl-Leitner fühlt sich in der neuen politischen Realität sichtlich wohl.

Versöhnliche Gesten

Udo Landbauer, der seit Tagen über heftige Rückenschmerzen klagt, kämpft sich mit schmerzverzehrtem Gesicht die Stufen zur Bühne hinauf. Mikl-Leitner blickt ihren Ziehsohn liebevoll an und klärt die Menge auf. „Dem Udobärli geht es heute nicht so gut. Er hat wieder mal Probleme mit dem Rücken, vom vielen Sitzen mit der Burschenschaft hat er schon ein Hakenkreuz."

Dann wird das ehrgeizige Regierungsprogramm enthüllt: Das Geld für Gratis-Kindergärten geht an Corona-Opfer. Außerdem gehört das kostenlose Impfprogramm an Schulen der Vergangenheit an; stattdessen kommt die Gratis-Entwurmung.

Kritik an ihrer Zusammenarbeit mit Udo Landbauer lässt die abgebrühte ÖVP-Politikerin nicht gelten: „Kompromisse gehören in der Politik dazu. Daher auch das Credo der Volkspartei: Gibt dir das Leben Zitronen, koaliere mit Neonazis."

Hiobsbotschaft

Mikl-Leitner räuspert sich, es gibt heute auch ernste Nachrichten. „Die Plandemie ist vielleicht vorbei, aber nicht ihre Folgen. Heute habe ich von Dr. Coldwell erfahren, dass spätestens im September alle Geimpften tot sein werden. Die Nachricht wurde auch schon von unserem neuen Gesundheitslandesrat Univ. Prof. DDr. Michael Wendler bestätigt."

Um die Hausärztinnen und -ärzte des Landes auf die Sterbewelle vorzubereiten, will die Landesregierung ihnen demnächst umfassende informative Morddrohungen zukommen lassen.

Das ist noch nicht alles. Ein U-Ausschuss im Landtag soll die Rolle des Corona-Erfinders Bill Gates kritisch aufarbeiten. „Wichtige Zeuginnen wie Erzengel Hertha Samsara aus Amstetten oder Souverän Gerhard aus Wiener Neustadt werden auspacken", verspricht Mikl-Leitner. Sollte die Beweislage dies verlangen, werde man Bill Gates notfalls auch in Abwesenheit zum Scheiterhaufen verurteilen.

WELT   20. März 2023

Banken pleite: Muss die Schweiz bald mit ehrlicher Arbeit Geld verdienen?

Foto: depositphotos.com (M)

Nur mit Ach und Krach konnte die Schweiz eine Pleite der Credit Suisse abwenden. Die Krise wirft die Frage auf: Kann das Land auch in den kommenden Jahren von seinem Finanzsektor zehren, oder muss es seine Volkswirtschaft auf ehrliche Arbeit umstellen?

BERN – „Blas mer doch id Schueh, ich kanns nicht mehr hören mit meine Öhrli", schimpft der Vorsitzende des Eidgenössischen Finanzdepartements DJ Bobo. „Ich zeig euch, wo de Bartli de Most holt", brüllt Bobo und trifft einen TV-Reporter mit einem zehn Kilo schweren Schweizer Emmentaler am Kopf. So wütend hat man den nüchternen Zahlenmenschen Bobo noch nie erlebt – die Party in der Schweiz ist vorbei!

Weil zu viele Bankkunden in der Vorwoche Geld von ihrem Köntli abheben wollten, geriet die Credit Suisse in ein „massives Schieflagli" (*blickli.ch*). Nur ein Notkäufli des Konkurrenten UBS verhinderte das Katastrophli, das der Schweizer Volkswirtschaft wohl massive, nachhaltige Schädli zugefügt hätte. Das Triumvirat Schwarzgeld, Schoki und Bergkäse, das Fundament der Schweizer Wirtschaft, gerät ins Wanken.

Nationalbank kalmiert

Dennoch will die Schweizer Nationalbank heute die Märkte beruhigen: „Wir verfügen noch über genug Nazigoldi, Diktatoren-Schwarzgeld und Einlagen von organisiertem Verbrechen aus Russland für die kommenden drei Generationen", erklärt der Schweizer Nationalbankpräsident Martin Pucher.

„Außerdem haben wir ja noch unsere Uhren. Was die Menschheit im Jahr 2023 braucht, sind umständlich auf die Hand umhängbare schwere Metalldinger um 5000 Euro, die absolut nichts können außer die Uhrzeit anzeigen."

Die Schweiz steht weiterhin zu ihrem Motto: „Jede cha mache, was er will, denn jede stoht dezue, was er macht." Sie will ein sicherer Hafen für Geldwäsche bleiben und ihre Wirtschaft keinesfalls auf ehrliche Arbeit umstellen. „De Schneller isch de Gschwinder", erinnert Finanzminister Bobo die Eidgenossen und lädt alle Wirtschaftskriminellen der Welt ein, ein Köntli in der Schweiz zu eröffnen.

Schweiz-Experte Lukas Schimek sieht jedoch systemische Probleme: „Immer mehr Mafiabosse lagern ihr Schwarzgeld lieber auf seriöseren Finanzplätzen wie der Blockchain. Außerdem sinkt die Anzahl der Diktaturen seit Jahrzehnten, gleichzeitig steigt die globale Laktoseintoleranz." Manövriert sich die Schweiz in die ökonomische Sackgasse?

Spontane Demo

In Österreich sieht man sich für einen Bank-Run gewappnet. Die ansässigen Finanzunternehmen konnten über die Jahre vermehrt Rücklagen bilden. Sollte es für Kunden einmal nicht möglich sein, Geld zu beheben, so könne man mit liquiden Alternativen wie Burton-Rucksäcken, russischen Staatsanleihen oder Sparefroh-Sparurkunden Abhilfe schaffen.

Die einzigen beiden Schweizer, die nicht im Finanzsystem arbeiten, haben sich zu einer spontanen Demo vor einer Filiale der bankrotten Credit Suisse zusammengerottet. Wütend essen sie Käse und sprechen mit leicht erhobener Stimme – es sind die aggressivsten Proteste seit Jahrzehnten.

Als ein Credit Suisse-Investmentbanker das Gebäude verlässt, wird er von den Eidgenossen verfolgt und schreit panisch: „Jagt mich nicht, ich will nicht laufen, ich bin voll mit Schoki!"

POLITIK   22. März 2023

Kebab in großer Pause gegessen: Fünf Volksschüler in Niederösterreich verhaftet

Foto: Wikimedia / böhringer

Aktion extra-scharf an Niederösterreichs Schulen! Nur wenige Tage nach ihrer Bildung greift die schwarz-blaue Koalition bereits durch. Bei einer Razzia der von der FPÖ eingeforderten Schnitzelstaffel (SS) wurden fünf Volksschüler auf frischer Tat beim Verzehr eines illegal zugewanderten Kebabs statt eines autochthonen Schnitzels erwischt. Sie befinden sich in Haft.

BADEN – „Hauch mich an, Pappalatur auf, besser gesagt: Kebabalatur", schnauzt der Einsatzleiter der Schnitzelstaffel den siebenjährigen Noah an. Der Volksschüler öffnet mit Tränen in den Augen seinen Mund.

Der Einsatzleiter notiert auf seinem Block: „Die Geruchsprobe, die was der Tatverdächtige, der was sich als Schüler der Volksschule Baden ausgewiesen hat, die was in Baden ist, abgegeben hat, weist deutliche Geruchsspuren von Zwiebel, gegrilltem Fleisch und Joghurt aus dem ausländischen Ausland, vermutlich Ayran, auf – also mit alles. Die Substanz stammt definitiv aus keinem österreichischen Wirtshaus!"

Er fixiert Noah am Boden und legt ihm Kommissar-Rex-Kinderhandschellen an. „Wiederholungsgefahr", erklärt er nüchtern. Ob Noah nun in ein Erziehungsheim kommt oder gleich nach Wien abgeschoben wird, hängt von seiner Kooperationsbereitschaft im Verhör ab.

Ermittlungstaktik

„Natürlich wollen wir aber nicht nur die Kunden, sondern auch die anatolischen Hintermänner enttarnen, die unser schönes Niederösterreich mit qualitativ minderwertigem Fraß überschwemmen", sagt der Beamte und beißt von seiner Leberkässemmel ab.

Eines ist jedenfalls klar: Auch Noah heißt er ab heute nicht mehr, denn der Einsatzleiter streicht den Namen am Schülerausweis durch und schreibt „Herbert" darüber. Eine Resozialisierungsmaßnahme, die dem jungen Intensivtäter die Chance auf ein normales, nationalsozialistisches Leben geben soll, wie es sich die FPÖ Niederösterreich für alle Kinder wünscht.

Sprachpolizei

Auch die Deutschpflicht an Schulen wird bereits exekutiert. „Zum Glück hamma eine ÖVP-FPÖ-Regierung, weil sonst würd uns jetzt eine woke Sprachpolizei dauernd überwachen und uns vorschreiben, was wir sagen dürfen", lacht Gerhard Hartgert von der blauen Sprachpolizei, der „Sprachenaufsicht" (SA).

Dann wird er wütend: „He, du! Deutsch statt nix verstehen! Weil in der Schule eine Deutschpflicht herrscht, die was man zum Einhalten hat, um unsere sprachliche Kultur zum Bewahren!", schreit er eine Schülerin an, die im Englischunterricht ein englisches Vokabel verwendet.

Harmonische Töne

Wenigstens im Musikunterricht wird der neue Lehrplan bereits vorbildlich umgesetzt. Vor den prüfenden Augen der SA erklärt die Musiklehrerin: „So, später lernen wir über die Greatest Hits der John-Otti-" Ein Beamter schüttelt den Kopf, die Lehrerin schluckt: „Ich meinte die größten Treffer der John-Otti-Musikkapelle, aber davor öffnet bitte euer Germania-Junior-Kinderliederbuch. Und eins, und zwei! Steht auf, ihr alten Germanen, wir schaffen die siebte Million!"

Plötzlich klingelt ein Handy, „Crazy Frog" beginnt zu spielen. Einsatzleiter Hartgert zückt seinen Taser. „Wer is das? I will keinen Hipedi-Hop aus Afrika-Amerika mehr hören, sonst drück i ab." „Sorry, das ist mein Handy", flüstert Sophie. „Red Deitsch! Des hast: Entschuldigung, das ist meine Hand", ermahnt sie der Einsatzleiter. Ein weiterer Verstoß gegen die Deutschpflicht, dem Einsatzleiter brennen verständlicherweise die Sicherungen durch.

Die Lage wird mit Pfefferspray deeskaliert. „Die kleinen Terroristen haben wir aus dem Verkehr gezogen", freut sich ein maskiertes Mitglied der Schnitzelstaffel und klatscht mit dem Kollegen der Sprachenaufsicht ab. Ein Polizeiauto fährt vorbei, zwei Polizisten schreien „Ösdareich, Ösdareich, Ösdareich" aus dem Fenster und rollen weiter. Verängstigt starren die Schulkinder aus den Fenstern.

Die Einheit wird Landeshauptmann (der Begriff „Frau" ist in öffentlichen Ämtern verboten) Johann Mikl-Leitner heute melden: Der Einsatz war ein voller Erfolg. Die SS und die SA sorgen in Niederösterreich endlich für Recht und Ordnung.

Frontbericht: Mit Karl Mahrer am Brunnenmarkt

Foto: Peter Gugerell (M)

Einst galt er als Urwiener-Wahrzeichen. Doch heute ist der Brunnenmarkt zum Urwiener-Wahrzeichen mit ein paar syrischen Ständen verkommen. Karl Mahrer, Polizist und Chef der ÖVP Wien, kann nicht mehr wegschauen. Gemeinsam mit der TAGESPRESSE wagt er sich ins Krisengebiet.

WIEN – Karl Mahrer schließt den Laptop. Zur Vorbereitung auf den Todestrip hat er sich auf YouTube einen aktuellen Situationsbericht von Oberst Markus Reisner über den Brunnenmarkt angesehen. „Die Lage an der Front ist noch beklemmender als angenommen", seufzt Mahrer.

Während er sich seine Feldschuhe schnürt, schaut seine Frau besorgt und kämpft mit den Tränen. „Ich habe keine andere Wahl", sagt Mahrer mit entschlossenem Blick. „Wir müssen leider die FPÖ kopieren, um ihr Stimmen wegzunehmen und an der Macht zu bleiben."

Auf an die Front
In der U-Bahn Richtung Frontlinie überprüft Mahrer den Sitz seiner ballistischen Schutzweste. „Meine Lebensversicherung", murmelt

er und klopft sich gegen die Brust. Kurz vor Ankunft verändert sich sein Gesichtsausdruck. Seine Entschlossenheit und seine Kriegsbegeisterung sind gewichen, ängstlich blickt Mahrer aus dem Fenster.

„Ist das dort so ein sogenannter Kebabs?", schielt er verstohlen ans Ende des Waggons, wo zwei Teenager sitzen und essen. Es ist das erste Mal, dass Mahrer sich außerhalb des Gürtels vorwagt.

Entnervt steigt der ÖVP-Politiker aus der U6. Er musste ganze 13 Minuten lang stehen. „Typisch rotes Wien: Die 700 Euro teure Sitzplatzreservierung über die Website ‚veryreal-wienerlinien-official. xyz' in der First Class hat natürlich nicht funktioniert", schimpft er über die Zustände hier im Nahen Westen.

Höllentrip durch den Brunnenbasar

Wir betreten mit Mahrer gemeinsam den Brunnenbasar. Links von uns bieten Händler Käse und Gewürze aus allerlei fernen exotischen Ländern wie Vorarlberg oder dem Waldviertel an. „Schaut euch diese Barbaren an", schreit Mahrer. „Die fressen hier Handgranaten!" Mahrer starrt auf ein türkisches Restaurant, in dem sich Gäste Falafel in den Mund stecken. „Das erste Opfer des Kriegs ist die Menschlichkeit", notiert er in seinem Kriegstagebuch.

„Ich sehne mich zurück nach dem Kohlmarkt", flüstert Mahrer, doch seine Heimkehr in das ÖVP-Gebiet im ersten Bezirk ist noch in weiter Ferne. „In der Wiener Innenstadt, da ist die Welt noch in Ordnung, da wohnen nur Araber und Russen: Dort ist zum Beispiel dieser russische Oligarch, der hat dort schon fünf Penthäuser und der geht herum und sagt, ich kaufe noch ein sechstes oder siebentes, ich zahle jeden Preis, ich habe Geld genug. Da sag ich von der ÖVP: Super, toll, so lob ich mir das."

Mahrer streichelt ein Amulett, das um seinen Hals baumelt. Darin versteckt ist ein Heiligenbild der ehemaligen Bezirksvorsteherin Ursula Stenzel. Er klammert sich an seine Erinnerungen an die Heimat fest. Nur durch diese aktive Verdrängung erträgt er die Zustände der Krisenregion Brunnenmarkt.

Alarm

Dann eskaliert die Situation. „Kalorienbombenalarm", schreit Mahrer und geht in Deckung. Ein Händler leert mehrere saftige Datteln in eine Kiste. Eine fällt zu Boden und rollt auf Mahrer zu. Er nimmt seinen Kampfhelm ab und stülpt ihn über die ausländische Kalorienbombe.

„Das war knapp", keucht er und tupft sich den Schweiß mit seinem Einstecktuch von der Stirn. Zitternd tritt er den Rückzug an. Ein WKO-Hubschrauber landet mitten auf der Straße und fliegt ihn aus.

Traumatisiert

Als wir Mahrer am nächsten Tag am Kohlmarkt treffen, ist er wie ausgewechselt. Gezeichnet vom Krieg starrt er apathisch in die Auslagen der Hutgeschäfte und Kürschnereien. „Posttraumatische Belastungsstörung, sagen die Ärzte", erzählt der ÖVP-Politiker mit gebrochener Stimme. Immer wieder fällt er zu Boden, wirft sich panisch hin und her und schreit: „Datteln, Datteln, Datteln, aaaaaaaah!"

Es sind Bilder, die verstören. Vor uns sitzt ein gebrochener Mann. Ein Mann, der seine wahre Identität nicht mehr kennt. „Nein, für mich kein Schnitzel", murmelt er der Kellnerin zu. „Heute ist Ramadan." Mahrer hat den Brunnenmarkt zwar lebend verlassen – aber der Brunnenmarkt wird ihn nie wieder verlassen.

Zu viele Bewerber: SPÖ sortiert Kandidaten in „Takeshi's Castle" aus

Foto: Takeshis Castle

Wer wird das Zepter ergreifen? Insgesamt 73 Anwärter, darunter 69 Männer und vier Frauen, kämpfen um den Vorsitz der SPÖ. Sie müssen jetzt bei „Takeshi's Castle" in die öffentlich ausgetragene Schlammschlacht ziehen. Innovative Challenges und lustige Hürden sollen die Spreu vom Weizen trennen. Denn am Ende soll nur ein Herausforderer gegen Rendi-Wagner antreten.

WIEN – „Freundschaft! Und Arigatooooo! Und wieder bricht ein Tag auf der Burg der Fürstin Pamela Takeshi-Wagner an", schreit der Spielleiter. Die Fürstin sieht sich erneut mit Eindringlingen konfrontiert, die versuchen, ihre Burg zu erstürmen. Dem Gegner, General Don Dosko, schließen sich täglich neue Freiwillige an. ORF 2, Puls4 und CNN übertragen die Sendung (+18 Jahre) live.

Fürstin Takeshi-Wagner zeigt sich zuversichtlich. „Ihr werdet mich nicht besiegen, ich bin Ärztin!", sagt sie lachend und beobachtet die Kandidaten mit einem Fernrohr vom Elfenbeinturm ihrer Burg aus. Ihr enger Berater, Christian Deutsch, trainiert ihre Abwehrmannschaft, bestehend aus mehreren hochbezahlten Rhetorik-Coaches. „Wer 700 Euro pro Stunde verrechnet, kann nicht irren", nickt Deutsch.

Nur wer alle Hürden meistert, schafft es bis zur Burg und darf für den Parteivorsitz kandidieren. „Jedenfalls offiziell. Wir werden das aber wie immer hinter verschlossenen Türen regeln", flüstert Deutsch hinter vorgehaltener Hand.

Runde Eins

Eine Hupe ertönt, ein Countdown startet. Es geht los! 72 mutige Herausforderer stürzen sich in den Kampf. In der ersten Etappe müssen sie medialen Tiefschlägen ausweichen. Ein Bewerber kann gerade noch einer ZIB 2-Einladung entgehen. Doch da trifft ihn aus dem Hinterhalt ein gut gemeinter Ratschlag aus Eisenstadt in den Rücken – von seinem eigenen Verbündeten! Das hat er nicht kommen sehen.

„Ausgeschieden", brüllt der Spielleiter. Der Kandidat ist enttäuscht: „Schade, ich wollte zumindest den Schmutzkübel-Weitwurf noch mitmachen."

Die nächste Etappe steht an. „Tauziehen", lächelt Michael Ludwig und reibt sich die Hände. „Linker Flügel gegen rechten Flügel. Zerstören wir uns selbst! Banzai!" Babler zerrt von links an einem dicken Strick, während General Don Dosko und seine Kollegen von rechts zerren. Nach vier Stunden ist das Duell immer noch nicht entschieden, Deutsch entscheidet, für maximalen öffentlichen Schaden das Duell auf den Parteitag zu verschieben.

Turbulenzen im Todesteich

Das Feld lichtet sich. Nur noch 17 Herausforderer sind im Rennen. Vor den Herausforderern tut sich ein finsterer Teich auf. Der Traiskirchner Andi Babler atmet tief durch und stürzt sich in das trübe Gewässer. Doch langsam beginnt er zu sinken und wird von einer Vielzahl an Kandidaten überholt, deren fehlende Inhalte ihnen unerwarteten Auftrieb verleihen. Babler muss sich ans Ufer retten – ausgeschieden! Don Dosko scheint auf dem Wasser zu schweben, so, als wäre sein Kopf mit Helium gefüllt.

Begeisterung

Die Zuseher amüsieren sich köstlich. Neben dem Spielfeld kommen Herbert Kickl und Karl Nehammer gar nicht mehr raus aus dem Lachen. „Wahnsinn! Hoffentlich gibt's davon nächstes Jahr noch eine zweite Staffel mit Gusi, Kern und dem Tollpatsch Faymann, das wär der Hammer", freut sich Nehammer und prostet Kickl zu.

Grande Finale

Nach der letzten Challenge bleibt nur noch ein mit Gatsch verschmierter Herausforderer übrig. Keuchend steht er vor dem Tor der Burg von Takeshi-Wagner und wischt sich den Schlamm aus dem Gesicht – es ist ihr Erzfeind: General und Streifenpolizist Don Dosko.

Das große Finale steht an. Takeshi-Wagner verschanzt sich in ihrem Elfenbeinturm. Doch dann die Überraschung: Der abgekämpfte Don Dosko läuft nicht auf die Burg zu, sondern er flieht feige ins Schilf im Burgenland, um sich von den Strapazen zu erholen und sich von seinem Wundarzt Dr. Leo Hillinger die Verletzungen mit „Flat Lake Spätlese" desinfizieren zu lassen.

Für heute ist Takeshi-Wagners Macht wieder abgesichert. Doch eines ist sicher: Der nächste Parteitag und Dutzende neue Herausforderer kommen bestimmt. Der Kampf um den Parteivorsitz geht weiter. Die SPÖ hat mit „Takeshi's Castle" endlich ihr Ziel erreicht, zu einer fleischgewordenen, täglich laufenden Reality-Show zu mutieren. Freundschaft und Arigato!

„Bastlerhit": Teufel verkauft Mikl-Leitners Seele auf WILLHABEN wieder weiter

Foto: Midjourney (Montage)

Um an der Macht zu bleiben, hat Landeshauptfrau Johanna Mikl-Leitner vor Kurzem ihre Seele an den Teufel verkauft. Doch schon nach wenigen Tagen verkauft Herr Satan diese auf WILLHABEN weiter. Grund: Der „Bastlerhit" sei stark defekt. Vintage-Fans könnten jetzt auf ihre Kosten kommen.

ST. PÖLTEN – „Kommt's rein, aber es schaut ein bissl aus", erklärt der Teufel, als er uns die Tür zu seiner Wohnung am Stadtrand von St. Pölten aufmacht. „Ich wohn hier schon seit paar Jahren, is einfach besser mit dem Pendeln, weil ich da näher bei den Arbeitskollegen von der ÖVP Niederösterreich bin." Aus dem Nebenzimmer hört man Klaviergeräusche. „Das is mein Mitbewohner, der Soberl."

Zornig zeigt der Teufel auf ein Terrarium im Eck des Zimmers. „Dahinten steht sie", sagt der Teufel. „Da hab ich die Seele von Mikl-Leitner aufbewahrt. Sie hat sich gerade unter einem Stein verkrochen, weil sie sich so schämt. Aber sie ist generell sehr klein, man sieht sie kaum, bei den Wahlplakaten haben sie mit Photoshop getrickst." Im Terrarium daneben sitzt eine weitere Seele und spielt mit psychopathischem Tunnelblick Candy Crush.

Zniachtl-Seele

Mit einem Stück Schnitzerl aus einem traditionellen Wirtshaus lockt er die Seele hervor. Zögerlich greift das geisterhafte Wesen nach dem Schnitzerl und verspeist es. Der Teufel beobachtet die Seele. „Ich kann damit leider nix anfangen, da ist nimma viel übrig von einer Seele, ein Zniachtl ist das. Ich hab's um saftige 150 Euro reingestellt, wenn ich ein Glück hab, find ich irgendeinen Volltrottel."

Es läutet. Der Teufel öffnet die Tür und begrüßt Udo Landbauer. Landbauer macht den Hitlergruß. „Ich werd's dem Adi ausrichten", lacht der Teufel und bittet Landbauer herein. „So, das wär das gute Stück, ordentlich Patina, starke moralische Verschleißerscheinungen, aber sie funktioniert noch, für zwei, drei Monate Koalition sollt's reichen", sagt der Teufel und zeigt auf Mikl-Leitners Seele, die sich sofort im Sand vergräbt.

Letzter Preis

Landbauer nickt desinteressiert, der Teufel wird unrund. „Ich würd's dir auch um 140 geben, das wär aber mein letzter Preis." Landbauer druckst herum. „Also, ich komm eigentlich wegen was anderem. Ich hätt eine Bitte." Der Teufel wird plötzlich übertrieben freundlich und bietet Landbauer einen Sessel an. „Kaffetschi, mein Lieber?"

Rein theoretische Bitte

Der Teufel und Landbauer nippen an ihren Tassen und schauen sich lange an. Der Teufel lächelt. „Ich höre." Landbauer räuspert sich und fragt mit nervös flatternder Stimme: „Sagen wir, jemand ist rein theoretisch ein Ausländer, zum Beispiel – und das ist ein völlig fiktives Beispiel – jemand ist ein Perser. Aber der Perser will kein Perser mehr sein, was würd mich, also ihn, den frei erfundenen Perser, was würd ihn das so kosten?"

Grinsend lehnt sich der Teufel zurück und verschränkt die Arme hinter dem Kopf. „Da könnten wir ins Geschäft kommen. Angenommen, ich will niederösterreichischer Landeshauptmann werden ... Landeshauptmann Luzi ... Das klingt geil, oder? Jedenfalls könnt ich da auf deine Unterstützung zählen, und du machst mir den Steigbügelhalter? Und im Gegenzug wirst du – oder eben dein persischer Freund – ein waschechter Österreicher, volles Programm: Schweinsaugen, Stiergnack, Watschngsicht?"

Doch es gibt ein Problem: Landbauer versprach seinen Wählern vor der Wahl, keinen Pakt mit dem Teufel einzugehen. „Kein Ding, ich kenn euch Blaue ja", sagt der Teufel und holt grinsend einen Vertrag hervor, auf dem man „Ja", „Nein" und „Vielleicht" ankreuzen kann. Landbauer lächelt erleichtert und zückt seinen Kugelschreiber.

Erstmals in der Geschichte: *Heute* hat heute nichts zu berichten

Foto: Montage

Die Boulevardzeitung *Heute* ist eigentlich bekannt dafür, jede noch so kleine Story an die große Glocke zu hängen. Doch heute ist das Medium ganz leise: Erstmals in der Geschichte berichtet die Zeitung absolut gar nichts über die Ereignisse des vergangenen Tages.

WIEN – 12 Uhr, Redaktionssitzung. „Gibt es denn wirklich gar nichts Relevantes, was heute passiert ist?", ruft Herausgeberin Eva Dichand verzweifelt, während sie nebenbei auf der Dorotheum-Website ein Gerhard-Richter-Gemälde ersteigert. Alle Anwesenden zucken die Schultern. Nach Monaten der politischen Skandale, Hausdurchsuchungen und Rücktritten sind die politischen Gewässer still geworden – zu still für den Betrieb eines polternden Krawallblattes.

„Und Sie? Haben Sie auch keine Idee?", bellt Dichand einen Kripo-Beamten an, der gerade den Meetingraum nach Beweismaterial durchsucht. Auch er kann ihr nicht weiterhelfen. Dichand schnauft. Hätte sie noch ein Handy, würde sie es nach ihm werfen.

„Also, meine Tante aus Wels hat eine Affäre mit ihrem Capoeira-Lehrer Alejandro", pitcht eine junge Journalistin. Alle gähnen. „Da haben wir gestern schon acht Seiten drin gehabt. Sonst nix? Ist ned irgend ein Trottel wieder mit seinem Pax-Regal in der Bim gefahren? Oder zumindest mit seinem Nachtkästchen? Haben wir alle psychopathischen Leserreporter durchtelefoniert?", hakt Dichand nach. Stille, nur das Rascheln der Beweismittelbeutel ist zu hören.

Notfall-Ordner

„Was schreiben denn die anderen so?", brummt sie und liest *oe24.at*, *orf.at* und den *Standard*. Sie erschrickt, überall ist ihr Gesicht zu sehen. „Ah nix, nix, die haben auch nix …", lächelt Dichand verlegen und klappt den Laptop zu. Ein Beamter nimmt ihn ihr aus der Hand und tütet ihn ein.

Verzweifelt holt Dichand einen Ordner mit der Aufschrift „Notfall" unter dem Meetingtisch hervor. „Dann müss ma wohl die harten Geschütze auffahren", erklärt sie und beginnt zu blättern. „Angst um Baumeister Richard Lugner: Syphilisbefund schockiert, Baba Wanga sicher: Kartnig gewinnt Dancing Stars, SPÖ-Inserate: Alles sauber, Sebastian Kurz: So süß spielt er mit seinem Sohn, Gernot Blümel: So lebt das Sex-Symbol heute."

Es sind Schlagzeilen wie diese, die das Gratis-Blatt zu dem gemacht haben, was es heute ist: zu einer Zeitung, mit der man in der U-Bahn einen Kebab-Fleck wegwischt.

Krone ebenfalls ratlos

„Du Christoph, habt's ihr heute irgendeine G'schicht? Das kann es nicht sein! Wir sind ziemlich geschockt", schreit Dichand ins Telefon. Doch auch ihr Mann, *Krone*-Herausgeber und Nepo-Baby Christoph

Dichand, ist ratlos: „Wir schauen uns das jetzt an. Gestern ist scheinbar einfach nix passiert, so schade. Wir haben schon ein Team auf den Brunnenmarkt geschickt. Hoffentlich machen die kriminellen Ausländer irgendwas Demokratiegefährdendes."

Lichtstreif am Horizont

Was die Dichands noch nicht wissen: Die Story-Flaute könnte bald enden. In Klosterneuburg arbeitet Heinz-Christian Strache gerade mit seinem Anwalt an einem Schreiben. „Ich hatte Recht, immer schon", murmelt er. *Heute, Krone* und *oe24.at* müssen morgen auf Straches Begehren eine Gegendarstellung veröffentlichen, mit dem Wortlaut: „Wir sind wirklich die größten Huren auf dem Planeten."

Rettender Einfall

Zwei Minuten vor Redaktionsschluss. Es gibt noch immer keine Story. Dichand rutscht nervös auf ihrem Bürostuhl hin und her.

Als der Kripo-Beamte ein Beweismittel hochhebt, kommt ihm doch noch die zündende Idee: „Hmm, also, eine bekannte Herausgeberin reist, glaub ich, bald in der U-Bahn mit schwedischen Gardinen", wirft der Kripo-Beamte ein. Dichand nickt zufrieden, die Story landet auf dem „Vielleicht"-Stapel. „Wir können auch anders", lächelt sie.

„Sind wir für oder gegen russische Kriegsverbrechen?" SPÖ startet Mitgliederbefragung

Foto: SPÖ

Mehr als die Hälfte aller SPÖ-Abgeordneten fehlte heute bei der Rede von Wolodymyr Selenskyj. Grund ist ein Thema, das die Partei spaltet wie sonst nur die Inflation, Zuwanderung, das Wetter oder alles andere: der russische Angriffskrieg gegen die Ukraine. Um interne Unstimmigkeiten zu beenden, ruft Parteichefin Pamela Rendi-Wagner jetzt eine Mitgliederbefragung aus.

WIEN – „Wenn ein faschistisches Regime sein Nachbarland in genozidaler Absicht überfällt und unzählige Kriegsverbrechen begeht, kann es für eine aufrechte Sozialdemokratin wie mich nur eine Antwort geben: Jein", bekräftigt Rendi-Wagner und zuckt lächelnd die Schultern.

Die Mitgliederbefragung soll nun die internen Gräben zuschütten und die Partei auf Linie bringen. Die Parteichefin und außenpolitische Sprecherin ließ sich heute Vormittag genauso wie 20 andere SPÖ-Abgeordnete entschuldigen.

„Natürlich: Kriegsverbrechen sind zu verurteilen, ohne Wenn und Aber, aber: die NATO, das Erdgas, die Neutralität. Da erscheint Butscha wieder in einem anderen Licht", erklärt Josef Muchitsch, der es heute leider nicht geschafft hat.

Gabriele Heinisch-Hosek nickt und ergänzt: „Wann reden wir endlich über die Verbrechen der NATO, wann über die der USA, wann über die der EU? Ich höre nur Russland, Russland, Russland … Was hat Russland im letzten Jahr verbrochen? Lassen Sie mich noch eines ergänzen: USA, NATO, Israel!"

Aus Überzeugung

Doch nicht alle Abgeordneten lassen sich Entscheidungsschwäche nachsagen. „Ich bin aus vollster Überzeugung nicht gekommen", erzählt ein roter Abgeordneter. „Herr Selenskyj hat schon einmal eine Waffe in der Hand gehabt, das geht sich mit meinem pazifistischen Weltbild nicht aus, und jetzt entschuldigen Sie mich, ich muss zu meinem Nebenjob bei der OMV, wir haben da ein neues Bohrloch in Novosibirsk zum Ausheben."

Ex-Präsident Heinz Fischer war für eine Stellungnahme nicht erreichbar. Er massiert wie jeden Donnerstag Wladimir Putin in einem Massagesalon im ersten Bezirk den Rücken.

Neutralität

„Nachwuchshoffnung" (Zitat: Julia Herr) Julia Herr wartet vor dem Parlament auf ein Taxi. Sie beobachtet, wie ein Lkw von hinten einen Radfahrer anfährt, der verletzt liegen bleibt. „Andere würden jetzt Erste Hilfe leisten, aber ich bin da lieber neutral und misch mich nicht ein in das Blutvergießen. Der Radfahrer hätte ja auch einen Teil seines Radwegs hergeben können, dann wär das alles nicht passiert. Freundschaft!"

Kritikern nimmt Rendi-Wagner vorausschauend den Wind aus den Segeln: „Ich sympathisiere mit der Zivilbevölkerung. Nicht einmal vor die Tür zu können, ohne Angriffe aus dem Hinterhalt von einem autoritären Wahnsinnigen aus dem Osten befürchten zu müssen, der nach Macht giert – glauben Sie mir, ich weiß, wie sich das anfühlt."

Überraschungskandidat

In der Mitgliederbefragung zum Parteivorsitz gibt es einen neuen, überraschenden Zwischenstand: Hans Peter Doskozil, Andreas

Babler und Pamela Rendi-Wagner wurden überholt – derzeit führt Wladimir Putin. „Er hat es als Einziger geschafft, dass etwa die Hälfte der Partei seiner Meinung ist", erklärt eine SPÖ-Parlamentarierin, die draußen am Gang gemeinsam mit Kickl und Hafenecker auf das Ende der Rede wartet.

Damit FPÖ nicht mehr im Parlament ist: Selenskyj soll täglich sprechen

Foto: Georges Schneider / picturedesk.com (M)

Während der heutigen Rede des ukrainischen Präsidenten Wolodymyr Selenskyj verließ die FPÖ geschlossen den Plenarsaal. Nun werden parteiübergreifend Rufe nach einer täglichen Einladung des Staatschefs laut. So könnte die rechtsextreme Partei dauerhaft aus dem Nationalrat ferngehalten werden.

WIEN – 9 Uhr, die Rede von Selenskyj beginnt. Mehrere FPÖ-Abgeordnete halten sich die Ohren zu und schreien laut: „Lalalala". Herbert Kickl wettert: „Ein Auftritt eines anderen Staatschefs verstößt laut führenden Telegram-Kanälen gegen die Verfassung!" Dagmar

Belakowitsch schaut ihn überrascht an: „Momenterl, seit wann respektieren wir die Verfassung der Österreich GmbH?"

Die FPÖ zieht geschlossen aus dem Plenarsaal aus. Für die Partei besteht kein Zweifel: Neutralität heißt, dass man bei einem genozidalen Angriffskrieg 400 Kilometer von der eigenen Landesgrenze entfernt sich auf jenes Credo zu berufen hat, das das Fundament dieser Republik bildet: Hände falten, Goschn halten, Gas behalten.

Der Plenarsaal ist kurz gespenstisch still. Die verbliebenen Abgeordneten sehen sich an, atmen durch, lächeln. Ein entnazifiziertes Parlament ist eine Seltenheit in Österreich. Derart angenehm war die Stimmung zuletzt im Juni 2021, als die FPÖ einmal einen Tag geschlossen fern blieb, da es beim Fressnapf 30 Prozent Rabatt auf Pferde-Entwurmer gab.

Tägliche Reden geplant

Ein Schulterschluss von ÖVP, SPÖ, NEOS und den Grünen sorgt jetzt für Aufregung. „Wir haben beschlossen, der Herr Selenskyj darf jeden Tag bei uns reden", lächelt Kanzler Karl Nehammer.

Vizekanzler Werner Kogler nickt. „Ja, es ist so schön ruhig hier, wenn der Parlamentskindergarten mal auf Ausflug in Russland ist. Jetzt können wir endlich wie erwachsene Menschen monatelang um völlig irrelevante Gesetzesänderungen streiten, ohne dass wer dazwischenspeibt."

Nehammer stellt ein Schild mit der Aufschrift „Platz für Leergut" auf den Tisch von Herbert Kickl und hievt drei Bierkisten hoch. Mehrere Grüne spannen eine Slackline zwischen den FPÖ-Stühlen auf. Wolfgang Sobotka durchsucht die Bankfächer von Vilimsky und Hafenecker nach Goldbarren.

Geldregen

Wie jeden Donnerstag wartet Kickl in der Kantine des Parlaments auf das klandestine Treffen mit seinem FSB-Führungsoffizier. Ein etwa 60-jähriger, elegant gekleideter Mann steuert auf Kickl zu und schüttelt ihm die Hand.

„Also, mein lieber Herbert, gute Arbeit heute, sehr gute Arbeit. Liebe Grüße von Wladimir, er hat dein Taschengeld erhöht." Kickl wird rot, wippt nervös auf seinem Sessel wie ein Schulkind und bedankt sich mit hündischer Unterwürfigkeit.

Kickl sieht sich um und verstaut ein Geldkuvert im doppelten Boden seines Tom-Turbo-Ferienkoffers. Die FPÖ finanziert sich über Zahlungen aus dem Kreml, seit sie 2016 einen Freundschaftsvertrag mit „Einiges Russland" abgeschlossen hat. Erst diese enge Verbindung mit Putin ermöglicht die unabhängige, völlig neutrale Haltung der FPÖ gegenüber den russischen Kriegsverbrechen in der Ukraine.

„Ja, natürlich gibt es da Gewissensbisse", räumt Kickl ein. „Wenn ich auf *Russia Today* lese, dass die Ukraine von einer wilden Horde faschistischer Nazis regiert, klar denkt man sich, das könnten auch wir sein, 2024 dann. So, ich muss jetzt leider nach Perchtoldsdorf, um mein neues Polizeipony abzuholen."

Dank künstlicher Intelligenz: Menschheit nur mehr 20 Jahre von funktionierendem Drucker entfernt

Foto: Die Tagespresse

Der rasante technologische Fortschritt macht Hoffnung: Die Menschheit könnte nur noch wenige Jahrzehnte von der Entwicklung eines Druckers, der tatsächlich funktioniert, entfernt sein. Was lange Zeit als Utopie galt, könnte schon bald Realität werden.

SAN FRANCISCO – Mit leuchtenden Augen führt uns OpenAI-Chef Sam Altman in ein Hochsicherheitslabor. „Stellen Sie sich folgendes Szenario vor: Sie wollen ein Dokument ausdrucken, Sie drücken auf ‚Drucken'. Und dann druckt der Drucker das Dokument aus", lächelt Altman.

„Ich weiß, das klingt utopisch. Nennen Sie mich einen Träumer, einen Spinner, einen Fantasten, aber in 20 Jahren wird das möglich sein – für alle!" Er zeigt auf einen Schwarz-Weiß-Drucker, den sein Team mit Künstlicher Intelligenz ausgestattet hat.

Demonstration

Altman öffnet ein Word-Dokument und klickt auf „Drucken". Der Drucker reagiert nicht. „Moment, ich steck ihn noch einmal aus."

Altman überprüft die winzige Schrift auf dem Druckerdisplay. „Ah, okay, der Toner ist aus. Vorführeffekt, sorry, haha." Er wechselt ihn und versucht noch einmal, das Dokument zu drucken.

„Komisch, er zeigt immer noch an, dass der Toner leer ist. Ich schalt ihn noch einmal aus. Okay, jetzt ist da ein Warndreieck am Bildschirm. Was bedeutet das? Daneben steht: Fehlermeldung 8210222,78. Was soll das heißen? Können die nicht einfach hinschreiben, was das gottverdammte Problem ist?" Er sieht in der Anleitung nach. Fehler 8210222,78. Farbpatrone zu farbig. „Aha, und jetzt?"

Altman lächelt die Niederlage souverän weg und bugsiert uns aus dem Labor. „Jedenfalls, wir sind schon sehr, sehr knapp dran. Gestern kam die Testseite raus, die druckt er schon 200 mal hintereinander. Ungefragt …"

Konkurrenz schläft nicht

Nicht nur OpenAI forscht derzeit unter Hochdruck. Schon seit Jahrzehnten arbeiten Firmen wie der Schrotthändler Hewlett Packard am Menschheitstraum des funktionierenden Druckers. Vergebens, wie ein Vorstand erklärt. „Wir sind da leid … er …", er beginnt zu stottern, stoppt einige Sekunden, dann fängt er von vorne an.

„Wir sind da …" Plötzlich schließt der Vorstand die Augen, er surrt noch einige Sekunden, während ihm Druckertinte aus dem Mund tropft. Dann schreit er: „Druckerfehler 5100, Druckerfehler 5100, Druckerfehler 5100", läuft in die Ecke des Zimmers und hängt sich auf.

Gefahr für Menschheit?

Doch in die Euphorie mischen sich auch warnende Stimmen. Tech-Unternehmer, Incel und Kleinkind Elon Musk fordert eine sechsmonatige Entwicklungspause: „Die Auswirkungen eines funktionierenden Druckers, der nicht sofort den Dienst verweigert, wenn man ein zweiseitiges Dokument ausdrucken will, sind nicht abzuschätzen. Zahllose Psychotherapeuten könnten ihren Job verlieren, viele Alkoholproduzenten pleite gehen."

Eine Entwicklungspause gilt jedoch als unwahrscheinlich – aus geopolitischen Gründen. Zu groß ist die Angst, China könnte die USA bei der Druckertechnologie überholen. Erst letzte Woche demonstrierte die Chinesische Volksarmee bei einer Parade einen hochmodernen Laserdrucker, der sich sogar mit dem WLAN verbinden können soll – in zwei von zehn Versuchen.

WELT   11. April 2023

Um ungestraft davonzukommen: Dalai Lama wird Pfarrer in Niederösterreich

Foto: YouTube/Screenshot

Ein neues Video zeigt den Dalai Lama, wie er einen siebenjährigen Buben auf den Mund küsst und ihn auffordert, seine Zunge zu lutschen. Um möglichen Konsequenzen zu entgehen, konvertiert das Oberhaupt des Buddhismus nun im Eilverfahren zum katholischen Glauben und wandert nach Niederösterreich aus.

INDIEN/ÖSTERREICH – Es ist ein großer Tag für den lebenslangen Buddhisten Dalai Lama. Nur die Türen zur einzigen Kirche im indischen Dharamsala stehen jetzt noch zwischen ihm und seinem neuen Leben. Nach einer kurzen Messe tunkt ihn auch schon ein Pfarrer in ein Taufbecken.

„Im Namen des Vaters, des Sohnes und so weiter, und so weiter, Amen, eh klar", murmelt der Dalai Lama nervös. Er sieht sich immer wieder um und kaut an seinen Nägeln – es wirkt so, als hätte er es sehr eilig mit seinem Kircheneintritt.

Nach seiner Taufe darf der Dalai Lama sofort zur Erstkommunion. „Und da strecken wirklich alle ihre Zunge raus?", fragt er neugierig einen Ministranten. Dieser nickt. „Wow, ich liebe Katholizismus", ist der Dalai Lama begeistert, während er seine Zunge maximal weit herausstreckt und vom Pfarrer eine Oblate darauf gelegt bekommt.

Vorwürfe

Kurz darauf im Flieger auf 10.000 Metern Höhe. „Natürlich mach ich mir auch Vorwürfe", erklärt Tenzin Gyatso, wie der 14. Dalai Lama bürgerlich heißt, und schaut nachdenklich aus dem Fenster. „Ich frag mich, was ich nur in meinem vorigen Leben verbrochen habe, dass ich nicht gleich im Land der unbegrenzten Möglichkeiten – Niederösterreich – geboren wurde, sondern in diesem abgelegenen Tibet auf 8000 Metern Höhe, umgeben von erfrorenen Extrembergsteigern."

Österreichisches Kulturprogramm

Flughafen Wien-Schwechat, 6:30 Uhr, die Maschine aus Lhasa landet. „Ich bin nach Österreich versetzt worden", erzählt der Dalai Lama lächelnd. „Ich hab sehr viel Gutes über Österreich gehört, eine echte Kulturnation. Morgen bin ich im Burgtheater, am Donnerstag bei den Sängerknaben, am Freitag im Knabenseminar Hollabrunn und am Samstag bei einer Sightseeing-Tour in Amstetten."

„Ma liab, a Zungenbusserl wollt er, der Herr Lama, wie unschuldig", lächelt ein niederösterreichischer Priester. „Die sind da in Asien noch nicht so aufgeschlossen wie wir. Wir haben ja schon Dark Rooms in der Kirche, finanziert vom Steuerzahler. Und die Handykameras werden abgeklebt." Der Priester zeigt auf den Beichtstuhl.

Endlich ist es soweit. Stolz wirft er sich eine Priestersoutane um. Dann passiert das Wunder: Wie von selbst verschwinden kritische Zeitungsberichte. Die Message Control des Vatikan lässt den Ballast auf den Schultern des Geistlichen einfach abfallen. Wie von göttlicher Hand tauchen in den Händen des siebenjährigen Buben ein Kuvert voller Geld sowie eine Vereinbarung über Stillschweigen auf.

Als Dankeschön will der Dalai Lama noch heute einen Kranz am Groër-Denkmal vor der Kirche von Hohenzell niederlegen, dem „Schutzpatron der dummen Lausbuben mit ihren neckischen, unschuldigen Streichen", erklärt der ehemalige Buddhist.

Sündenfall

Doch dann das große Pech. Der Dalai Lama versündigt sich. Er küsst in seinem ersten Gottesdienst auch ein Mädchen auf den Mund – ein absolutes No-Go in der katholischen Kirche. Der Papst persönlich exkommuniziert ihn wieder.

„Schade", seufzt der Dalai Lama. „Nach dem Buddhismus und dem Katholizismus bleiben mir weltweit jetzt nur noch 23.587 weitere Religionsgemeinschaften, die auf Gehirnwäsche und strukturellem Missbrauch ihrer Mitglieder aufbauen und dafür staatliche Privilegien genießen."

REDAKTION   12. April 2023

Gabalier-Laberl und Panierquote: die Entstehungsgeschichte des FPÖ-Briefes

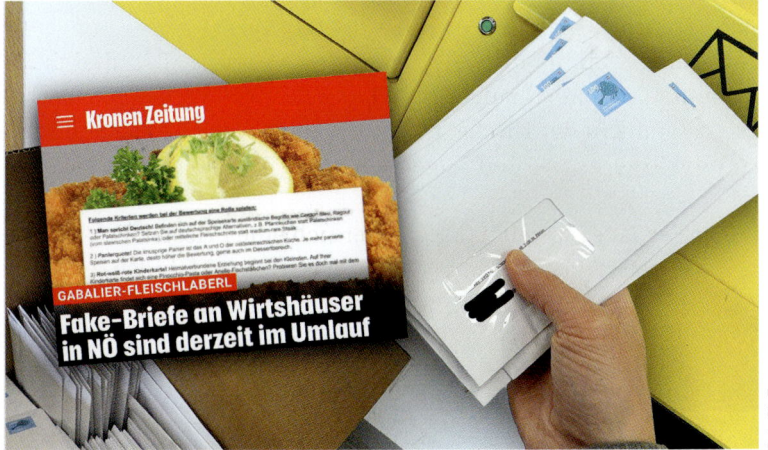

Foto: Die Tagespresse

Mit dem Einzug in die niederösterreichische Landesregierung versprach die FPÖ die Schaffung einer Wirtshausprämie. Passiert ist seither nichts. Wieder mal ist man offenbar zu beschäftigt mit Nichtstun und Einzelfällen. DiE TAGESPRESSE wollte helfen und den Freiheitlichen unter die Arme greifen.

Kurz vor Ostern. Redaktionssitzung in der **TAGESPRESSE**-Redaktion. Wie jeden Morgen blättern wir zur Inspiration durch die *New York Times*, *Le Monde Diplomatique* und das *Bezirksblatt Mistelbach*, wo Udo Landbauer aus einem Inserat rauslächelt. Doch es ist das Lächeln eines faulen Taugenichts, der dem Steuerzahler auf der Tasche liegt.

Mit großer Sorge haben wir festgestellt, dass die FPÖ wieder mal vieles versprochen, aber nichts umgesetzt hat. Die Partei hat damit die niederösterreichischen Gastronomen lediglich für ihren Wahlkampf missbraucht.

Auch wir fühlen uns betrogen. Teile unserer Redaktion sind selbst Niederösterreicher, andere sind Niederösterreicher im Herzen (wir fahren oft sehr schnell durch Niederösterreich durch, auf dem Weg in die schöne Steiermark). Unsere blau-gelben Herzen bluten.

Wir packen selbst an, um die FPÖ-Versprechen einzulösen. Wir setzen die Wirtshausprämie endlich um.

Foto: Screenshot

Als moderner Medienkonzern lagern wir unsere Arbeit natürlich sofort aus. Um an die Adressen der Wirtshäuser zu kommen, haben wir ChatGPT einen Webcrawler programmieren lassen, der die Herold-Website nach allen Wirtshäusern in Niederösterreich abgeklappert hat. Tada, 1108 Adressen in nur 12 Sekunden! (Liebe *Herold.at*-Leute, der viele Traffic am 3. April um 21 Uhr war keine DDOS-Attacke, sondern nur unser Bot.)

Foto: Die Tagespresse

Kurz darauf reduzieren wir die Liste auf 500 Lokale. Doch erst einmal muss der Brief geschrieben werden. Wir konsumieren eine lebensgefährliche Menge Grüner Veltliner aus Krems, um beim Verfassen des Briefs den Tonfall der FPÖ möglichst präzise imitieren zu können.

Foto: Die Tagespresse

Dann folgt die mit Abstand härteste Aufgabe: Jeder Brief muss in ein Kuvert gesteckt und mit einer Briefmarke beklebt werden. Wir hassen körperliche Arbeit genauso wie jeder anständige freiheitliche Funktionär.

Am nächsten Tag tarnt sich einer unserer Mitarbeiter mit Lagerhaus-Latzhose als Niederösterreicher, fährt mit dem Railjet nach St. Pölten und gibt dort die Briefe auf – der mit Abstand unangenehmste Teil der Aktion.

Sie existieren also wirklich: Lagerhaustürme!

Glücklich lehnen wir uns zurück und warten ab. Wird es für eine Ehrenmitgliedschaft in der FPÖ reichen? Dürfen wir mit Udo Landbauer persönlich im Burschenschafterkeller Singstar spielen?

Doch dann der Schock: Die FPÖ mag unseren Brief nicht, obwohl wir auf *unsere* Kosten *ihre* Arbeit erledigen.
Die FPÖ Niederösterreich spricht von „Silbersteinmethoden" – eine plumpe Lüge. Denn die FPÖ ist von UNS paniert worden, waschechten, autochthonen, hiesigen Österreichern mit Schnitzel als Lieblingsspeise. Und die Partei, die sonst gegen alle unter der Gürtellinie austeilt und im TV sogar Schülerinnen attackiert, hat dabei dünnhäutiger als eine Käsekrainer reagiert.

FPÖ NÖ warnt vor Fake-Briefen an Wirte und Gastronomen

„Silberstein-Methoden" Förderung von Wirtshauskultur wird verunglimpft

St. Pölten (OTS)- „Den 1. April verschlafen haben offenbar jene halblustigen Verfasser von Fake-Briefen, die im Namen der FPÖ, an niederösterreichische Wirte im Umlauf sind", zeigte sich der Landesparteisekretär der NÖ-Freiheitlichen Alexander Murlasits empört. „Die Landes-FPÖ wird mit aller Härte gegen derartige Verunglimpfungs- und Silbersteinmethoden vorgehen. Rechtliche Schritte sind in Ausarbeitung", spricht Murlasits von Dirty Campaining.

Dass sich die FPÖ in ihrer Presseaussendung über die Forderung nach einer patriotischen Speisekarte lustig macht, sich von ihren eigenen Wahlversprechen distanziert und dabei das „Gabalier-Schnitzel" verlacht, beweist endgültig: Es geht ihr nicht um unser schönes Österreich, sondern wie immer um den Zugang zu den Steuertöpfen, an denen sie sich ungeniert bedienen will wie an einem All-You-Can-Eat-Buffet.

Ein hartes rechtliches Vorgehen der Gastronomen gegen die FPÖ wäre hier zu begrüßen und wird derzeit von unseren Anwälten in enger Abstimmung mit der Rechtsanwaltskammer geprüft.

Da führende niederösterreichische FPÖ-Mitglieder aus dem persischen Ausland stammen und verdächtige Namen tragen (Schnedlitz, Murlasits …), hier eine kleine Erinnerung: Mit Essen spielt man nicht. Das ist der Teil der österreichischen Kinderstube, die für viele FPÖ-Mitglieder offenbar ein Fremdwort ist.

Die Sorge der FPÖ um die wirtschaftliche Lage der Wirte ist ehrenwert. Das Wirtshaussterben geht voran, denn die Stammtische der Alten sterben aus und die Jugend geht nicht mehr ins Wirtshaus. Wenn die Leute im Ort nicht mehr ins Wirtshaus gehen, ruhen die Hoffnungen auf dem Tourismus. Doch ob internationale Besucherinnen und Besucher goutieren, dass der Vizelandeshauptmann Landbauer in Liedtexten die siebte Million toter Jüdinnen und Juden schaffen will, ist zweifelhaft.

Fotos: Screenshot

Kronen Zeitung

GABALIER-FLEISCHLABERL

Fake-Briefe an Wirtshäuser in NÖ sind derzeit im Umlauf

oe24   LOGIN

UKRAINE-KRIEG   NEWS   POLITIK   VIDEOS

DIE TOP-STORIES DES TAGES   2/24

WER STECKT HINTER DEM „GABALIER-SCHNITZEL"?

NÖ-Wirte erhalten FPÖ-Fake-Briefe

KLEINE ZEITUNG   ☰ MENÜ

WIRTSHAUSPRÄMIE

Fake-Brief: FPÖ soll Wirtshäuser auf "Heimatverbundenheit" testen

Ein "Wirtebrief" sorgt in Niederösterreich für Aufregung. Darin geben sich die Verfasser als FPÖ aus und wollen Wirtshäuser anonym auf ihre "Heimatverbundenheit" testen.

☰   **ZACKZACK**   Q

„Gabalier-Fleischlaberl" – Fake-FPÖ-Briefe zu Wirthausprämie im Umlauf

Redaktion - 11. 04. 2023   💬 26

noe ⊙ ORF.at   ☰

POLITIK

FPÖ-Fake-Briefe an Wirtshäuser verschickt

Im Namen der FPÖ sollen derzeit Fake-Briefe an Wirtshäuser in Niederösterreich verschickt werden. Darin wird ein Besuch angekündigt, um eine Bewertung der Wirtshausprämie vorzunehmen. Die FPÖ will rechtlich gegen die Absender vorgehen.

Heute   11°C   JOBS Q A ☰

HEUTE › ÖSTERREICH › NIEDERÖSTERREICH

11.04.2023, 16:30

"Gabalier-Fleischlaberl" – FPÖ warnt vor Fake-Briefen

💬14   f   y   ⚬   ✉

ÖSTERREICHS SERIÖSESTE ONLINEZEITUNG

Wir gehen jetzt Mittagessen und freuen uns auf eine mittelrohe Fleischschnitte, einen »Kickl-Kaffee« (alte Bezeichnung: „Kleiner Brauner", Anm.) mit Milch, Zucker und Streisand – und als Nachspeise eine saftige FPÖ-Opferrolle.

Um nicht wieder für Panik und Empörung bei der FPÖ zu sorgen, werden wir unsere weiteren Forderungen in der Form eines nationalsozialistischen Liederbuchs veröffentlichen. Auf eine gute Zusammenarbeit!

Mit freiheitlichen Grüßen,
Die Redaktion

PS: Wir möchten uns an dieser Stelle bei unserem Anwalt für die stressige Woche entschuldigen.

„Leak bei uns undenkbar": Österreich gibt Staatsgeheimnisse freiwillig an Kreml weiter

Foto: Kreml.ru (Montage)

Ein 21-jähriger Mitarbeiter, der hochsensible Daten abfotografiert und heimlich leakt: Was in den USA derzeit für große Aufregung sorgt, wäre in Österreich laut Geheimdienst-Insidern undenkbar. Schärfste Sicherheitsvorkehrungen würden sicherstellen, dass vertrauliche Infos nicht nach außen sickern, bevor sie am Schreibtisch von Wladimir Putin landen.

WIEN – Es ist dunkel im Bundeskanzleramt. Karl Nehammers Gesicht wird nur vom kalten Licht des Bildschirms beleuchtet. Der Kanzler spielt wie jeden Abend nach seinem Feierabendbier eine Runde Counter-Strike, um seine Aggressionen abzubauen.

Währenddessen loggt er sich in seine Discord-Gruppe „KloBurg Thug Shaker" ein. „seas leute, hier unsere top secret dokumente in guter auflösung zum download, habs in ein zip gepackt, damits schneller geht", schreibt Nehammer.

Mehrere russische Generäle bedanken sich mit Emojis und durchstöbern die streng geheimen Dokumente mit Titeln wie *Standorte Eurofighter.docs*, *ZigarettenVorräteVDB.xlsx* oder *NukleareGulaschkanonenAktivierungscodes.pdf*. Putin schickt Nehammer ein lustiges Meme, der russische Milblogger Richard „Strelkov" Schmitt macht sich gleich daran, die Zahlen liebevoll mit Photoshop zu verfälschen.

Keine Gefahr
Militärexperte Mario Raab sieht jedenfalls keine Gefährdung durch die Weitergabe der Akten: „Österreich wird schon lange von anderen Geheimdiensten gemieden." Die sensibelste Information im Besitz des Bundesheeres sei aktuell die Statistik, wie viele junge Männer bei der Stellung nur einen Hoden haben.

„Diese stellen wir dann unter strenge Beobachtung, vor allem, wenn sie in ihrer Freizeit auch gerne Aquarelle malen, aus Oberösterreich stammen und häufig das verfassungsfeindliche Propagandamedium *Exxpress.at* lesen."

Hohe Effizienz
Der österreichische Inlandsgeheimdienst ist stolz auf den direkten Draht zu Russlands Machtelite. „Früher musste man sich nach Ibiza einladen lassen, heute können wir dank modernster Technik

direkt über dieses *World-Wide-Internetz.com* kommunizieren und Schmiergeldzahlungen über die Raiffeisen-Blockchain abwickeln", erklärt ein ranghoher Mitarbeiter des DSN, dem wir zufällig an einer Billa-Kassa begegnen. Er lässt einen jungen Mann vor, der es eilig hat, weil er noch zu einem Munitionskauf nach Bratislava muss.

Nachbesserungen

Dass die Kommunikation mit den Russen derzeit noch über den Gamer-Chat Discord stattfindet, sorgt in Österreich für Kritik. „Ja, da werden wir hier nachbessern und offizielle Kanäle schaffen, wenn es ab 2024 wieder eine Regierung mit der FPÖ gibt", verspricht Nehammer.

„Das Verteidigungsministerium geht dann eh wieder an die Blauen, also direkt an die Russen. So wie alle anderen Ministerien. Wir wollen nur die Justiz, weil uns bei der ÖVP der Rechtsstaat besonders am Herzen liegt."

Die Kommunikationsschnittstelle zwischen DSN und dem Kreml stellt die perfekte Symbiose aus österreichischer Selbstaufgabe und russischem Machtinteresse dar. Das europäische Leuchtturmprojekt soll, wenn es nach Russland geht, aber keine Schule machen. Ähnliche Projekte in anderen europäischen Nationen gebe es nicht, vor allem nicht in den Oblasten Serbien und Ungarn, bestätigt uns ein FSB-Agent und BMI-Sektionsleiter.

Corona endgültig vorbei: FPÖ wieder gegen Redefreiheit

Foto: Eva Manhart / APA / picturedesk.com

Mehr als drei Jahre nach Beginn der Corona-Pandemie normalisiert sich der Alltag endlich. Die FPÖ bekennt sich wieder offen gegen die Redefreiheit und fordert ein Verbot von Drag-Queen-Lesungen. Damit ist der ursprüngliche Zustand des Landes wiederhergestellt.

WIEN – Es sind Szenen, die schockieren, aufwühlen und verstören: Lachende Drag-Queens lesen neugierigen Kindern aus Büchern vor. Statt wie in einer normalen, freiheitlichen Familie am Sonntag vom Vater nach dem Frühschoppen beim Kirchenwirt eine gesunde Watschn zu kassieren, werden die Kinder mit fantasievollen Geschichten traumatisiert.

Dank der FPÖ-Demo sind diese Entgleisungen der Meinungsfreiheit aber wohl bald Geschichte. Nach einem Corona-bedingten Exkurs in den Kampf für uneingeschränkte Redefreiheit findet die Partei nun zurück zu ihren freiheitsfeindlichen Wurzeln.

Vorbildlicher Widerstand

Die Proteste laufen ressourcenschonend ab, sämtliche Schilder wurden von den Covid-Spaziergängen recycelt. Auf der Rückseite steht noch „Redefreiheit für alle!" oder „Gegen staatliche Zensur!", auf der Vorderseite dagegen prangen Sprüche wie „Villa Vida schließen!" oder „Drag Queen-Lesungen staatlich verbieten!"

„Es geht mir um den Schutz meiner Kinder", erklärt eine Teilnehmerin. Dann beugt sie sich zu ihrer fünfjährigen Tochter. „Heil Hitler, geht's dir eh gut? Hast du die Drag Queen eh nicht gesehen? Ich will einfach nur, dass du ganz normal wirst. Darfst beim Heimfahren im Auto die Tonie Box Figur vom Landbauer hören mit den lustigen Liedern drauf."

Die Teilnahme ist riskant, an jeder Ecke lauert die LGBTQ-CIA-Gefahr. „Wenn du schwul wirst, muss der Papa wieder den Gürtel auspacken. Erinnerst dich noch, was mit dem Patrick passiert ist, ja?", ermahnt ein FPÖ-Gemeinderat seinen Sohn, der durch das Fenster der Villa schauen will.

Der Mann selbst engagiert sich seit Jahren für die Partei. „Ich hab als Jugendlicher den Jörg Haider getroffen, er hat mich gleich fasziniert. Ich frag mich heute immer: Was würde Haider tun? Der Jörgl hätte so eine verluderte Homosexuellen-Propaganda nie durchgehen lassen."

Cancel Culture

Eine Vertreterin der Drag Queens sieht die Demo skeptisch: „Das ist wieder Cancel Culture aus dieser typischen rechten Telegram-Blase, die wollen alles verbieten außer den Winnetou. Obwohl, der hat auch lange Haare und ist geschminkt, mal schauen, wie lange die ihn noch tolerieren."

Die Villa Vida lässt sich von den Protesten nicht einschüchtern. Für kommendes Wochenende ist Stargast Bill Gates geladen, der als Drag Queen verkleidet den Beipackzettel der Corona-RNA-Impfung vorlesen darf. Im Rahmen des Auftritts wird Gates auch seine neueste Erfindung enthüllen: eine Impfung gegen Heterosexualität. Nebenwirkung: eine Ablehnung von Schweinsbraten, Volksmusik und Verbrennermotoren.

Zensurapparat

Doch nicht nur die Drag Queen-Lesungen sind der FPÖ ein Dorn im Auge. Im Intranet der Partei wurden sämtliche Medien bis auf Auf1, ServusTV und die Spatzenpost gesperrt. Selbst der hauseigene Sender FPÖ-TV unterliegt derzeit einer mehrmonatigen Sperre, da er eine Wahlkampfrede von Trump übertragen hatte. „Ein Märchen erzählender Mann mit Perücke?", lacht Generalsekretär Michael Schnedlitz. „Dieser Woke-Funk hat bei uns nix zu suchen."

Um sicherzustellen, dass sich österreichische Kinder normal, also heterosexuell, entwickeln, teilt die FPÖ heute landesweit vor Schulen erotische Kickl-Kalender aus. Darin räkelt sich der Parteichef splitternackt mit laszivem Hitlergruß auf einer Österreichfahne.

POLITIK   20. April 2023

Tageskarte heute ohne Eiernockerl: Landbauer erstattet Anzeige gegen Wirtshaus

Foto: Roland Schlager / APA / picturedesk.com, Böhringer Friedrich (M)

Es hätte ein gemütliches Mittagessen werden sollen. Doch was FPÖ-NÖ-Chef Udo Landbauer beim Wirtshausbesuch erleben

musste, verdarb ihm den Appetit: Ausgerechnet am 20. April gab es keine Eiernockerl mit grünem Salat. Der Politiker erstattete umgehend Strafanzeige wegen Nie-Wiederbetätigung.

ST. PÖLTEN – „Grüß Gott! Mahlzeit! Bitte einmal die Eiernockerl, zur Feier des Tages", ruft Landbauer grinsend, als er das Gasthaus betritt. „Aber bitte mit Halal-Eiern", flüstert er der Wirtin verstohlen zu. „Und kann ich statt dem Salat vielleicht Humus haben?"

Doch dann der Schock. Die Wirtin schüttelt den Kopf und deutet auf die Tageskarte. „Heute hamma Vital-Tag. Speckknödel, Knödel mit Speck, oder Speck mit Speck im Speckmantel. Und als vegetarische Option Fisch. Würd ich aber nicht empfehlen, der hat noch das Preisschild in Schilling oben."

Landbauer schluckt. Keine Eiernockerl am 20. April? Ist er in einem linken Bobo-Antifa-Trendlokal gelandet? „Äh, jetzt wo ich nochmal drüber nachdenke, ich hab eigentlich keinen Hunger, danke, wiederschauen." Ihm gelingt die Flucht. Landbauer hat Angst. Was kommt als Nächstes? Wird die Wirtin ihn mit einem Seitanschnitzel an Quinoa außer Gefecht setzen? Gibt es im Hinterzimmer heute eine Drag Queen-Lesung, die ihn und alle Gäste in homosexuelle Lastenradfahrer verwandelt?

Echte Zivilcourage

„Hallo, Polizei, hier spricht Udo, nein, nicht Adi, Udo Landbauer. Genau. Ich möchte ein Verbrechen anzeigen. Im Gasthaus Kaiser stehen heute keine Eiernockerl auf der Karte. Schickt's wen vorbei, ich komm in die nächste Inspektion." Zitternd legt Landbauer auf. Keine Eiernockerl, und das an seinem Geburtstag. Ist das noch sein Niederösterreich – oder bereits Niederneubau?

Bei der Polizei wird der Eingang der Anzeige von einem Sprecher bestätigt. „Wir nehmen das natürlich sehr ernst und danken Herrn Landbauer für seine Zivilcourage." Der Sprecher warnt jedoch vor Selbstjustiz: „Manchmal kann es sich um ein ehrliches Versehen handeln, wenn ausgerechnet heute keine Eiernockerl auf der Tageskarte stehen. Deshalb ist man wahrscheinlich, aber nicht automatisch linksextrem."

Landbauer am Boden zerstört

Landbauer wird derzeit von einem Kriseninterventionsteam betreut. Er wirkt verstört. Der sonst stets ausgestreckte rechte Arm baumelt lustlos von der Schulter. Nicht einmal im mitgebrachten Liederbuch des Notfallpsychologen will er blättern. „Das sind schwere Szenen für jeden Patrioten", erzählt ein Polizist.

Als Gegenmaßnahme will die FPÖ bereits morgen einen Brief an alle niederösterreichischen Gasthäuser verschicken, in dem sie eine Eiernockerl-Quote fordert. Die verpflichtenden Gabalier-Laberl auf den Speisekarten sollen außerdem um eine Führereierspeis („Führei statt Rührei!") mit nur einem Ei und einen Kickl-Kinderteller (ein Eiernockerl) ergänzt werden.

WELT   21. April 2023

Damit Rakete nicht explodiert: Astronauten müssen Musk acht Dollar pro Monat zahlen

Foto: Patrick T. Fallon / AFP / picturedesk.com

Gestern explodierte die SpaceX-Rakete „Starship" bereits kurz nach dem Start – für Gründer Elon Musk dennoch ein großer Erfolg. Er kommt damit der finalen Umsetzung seines

Geschäftsmodells einen Schritt näher. Künftige Astronauten müssen dann nämlich acht Dollar pro Monat zahlen, wenn sie wünschen, dass das Fluggerät nicht explodiert.

TEXAS – Im Kontrollzentrum sind alle Augen auf den Livestream gerichtet. „Drei, zwei, eins – Lift-off!", verkündet die Technikerin vor dem Launch Button in der rauschenden Freisprechanlage des Cockpits. Doch ein Blick auf die Instrumente verheißt nichts Gutes: „Houston, we have a problem! Uns fehlen acht Dollar." Elon lächelt und drückt den roten Knopf. Die Rakete explodiert, der Test war erfolgreich.

„Liebes Team! Seht ihr den Feuerball? Werdet noch heute SpaceX-Blue-Abonnent und sichert euch tolle Vorteile, wie etwa, dass ihr nicht in einer 2000 Grad heißen Flamme aus Raketentreibstoff elendig krepiert. Danke, dass Ihr so für unser Unternehmen brennt! Beste Grüße, euer Elon", heißt es heute in einer E-Mail an alle Astronautinnen und Astronauten von SpaceX.

„Sorry, aber sollte das nicht eigentlich selbstverständlich sein?", fragt Astronaut Samuel Wierer. „Wow, Elon, du bist so genial, bitte, nimm mein Geld!", brüllt sein Kollege und tippt vor Erregung zitternd seine Kreditkartennummer im SpaceX-Shop ein.

Lukratives blaues Hakerl

„Hier, bitteschön, ihr Badge", lächelt Musk und klebt dem Astronauten wenig später ein blaues Hakerl auf die Uniform. „Aber bitte nicht vergessen, du musst monatlich zahlen, und ein Monat am Planet XR54 ist umgerechnet nur eine Erdenminute, macht dann also 357.120 Dollar bitte."

Es sind Geschäftsideen wie diese, die den Milliardär so beliebt machen in der Zielgruppe der hängengebliebenen 29- bis 49-jährigen Incels mit Humor aus 2011, die noch bei ihrer Mama wohnen und noch mit ihrer Mama schlafen.

Solidarität

Doch was passiert, wenn ein Astronaut der Besatzung als Einziger kein Blue-Abonnent ist? Elon Musk beginnt laut zu lachen. „Sie meinen, wenn jemand hofft, dass seine Freunde ihn mitziehen? So etwas nennt sich Solidarität, oder wie Experten sagen: Kommunismus."

Wer nicht zahle, schaue eben durch die Finger: „So handhabe ich das auch bei meinen Twitter-Mitarbeitern, die mir jeweils 3500 Euro netto im Monat zahlen, damit sie in meiner tollen Firma arbeiten dürfen. Wir haben auch Goodies, zum Beispiel einen Obstkorb!" Musk lächelt und zeigt auf eine vertrocknete Banane. Dann explodiert die Banane, weil sie kein Blue-Abo abgeschlossen hat.

Variable Sicherheitsvorkehrungen
Acht Dollar sind für Musk aber nicht die einzige Hürde für einen sicheren Raketenstart. Er will das Ausmaß an Sicherheitsvorkehrungen am Engagement seiner Tweets orientieren. „Die Sauerstoffzufuhr in der Kabine orientiert sich an den Metriken meiner SpaceX-Livestream Retweets", erklärt Musk seinen völlig normalen Plan. „Für jedes Like gibt's einen und für jeden Retweet zwei Atemzüge."

Zufrieden legt sich Musk heute in sein Bett im Twitter-Büro: ein durchgelegenes Sofa, das der leidenschaftliche Incel aus dem Keller seiner Mutter mitgenommen hat. Beim Einschlafen rasen seine Gedanken. Immer neue Ideen fallen dem umtriebigen Unternehmer ein. „Ein selbstfahrender Tesla, der für acht Dollar nicht mit 150 Sachen die Klippe runter rast, und die gratis Testversion endet genau dann, wenn man gerade über die Großglockner-Hochalpenstraße fährt. Hah! Das muss ich mir aufschreiben."

Inflationsanpassung: Vienna City Marathon heuer um 4,2 Kilometer länger

Foto: Tobias Steinmaurer / APA / picturedesk.com

Mietpreisexplosion, galoppierende Lebensmittelpreise, exorbitante Energiekosten. Die Teuerung bewegt sich im Laufschritt und bringt das Land außer Atem. Nun bekommen auch alle Teilnehmenden des 40. Vienna City Marathon die Auswirkungen zu spüren: Aufgrund der Inflation wird die Laufstrecke dieses Jahr um zehn Prozent verlängert.

WIEN – Es war ein regelrechter Verhandlungsmarathon, der nur wenige Tage vor dem Startschuss zum alljährlichen Wiener Laufspektakel positiv zu Ende ging. „Es kann nicht sein, dass das Nenngeld von Jahr zu Jahr steigt, aber die Laufstrecke immer gleich lang bleibt", kritisiert Klaus Tschabrun, Chefverhandler der offiziellen Läufer-Gewerkschaft RÖCHEL (Raumübergreifender österreichischer Club der Hürden-, Eisschnell- und Langstreckenläufer:innen).

Am Ende konnte jedoch eine Einigung mit den Veranstaltern erzielt werden: Die Strecke des Vienna City Marathon erhält eine Inflationsanpassung von zehn Prozent und wird um 4,2 Kilometer verlängert.

Somit sind auch weitere Kampfmaßnahmen der Gewerkschaft abgesagt. Für den morgigen Sonntag war eine Großdemonstration von mehreren tausend Läuferinnen und Läufern angekündigt, die von der Reichsbrücke 42,2 Kilometer durch Wien führen und mit einer Siegerehrung vor dem Burgtheater enden sollte.

Koppelung

Auch mit einer weiteren Forderung konnten sich die Läufer-Vertreter durchsetzen: Zukünftig sollen alle heimischen Laufbewerbe an den Verbraucherpreisindex gekoppelt und die Strecken automatisch mehrmals pro Jahr verlängert werden.

Kritisiert wird diese Regelung unter anderem von Franz Schnellhorn, Chef des neoliberalen Sprinttanks „Rungenda Austria": „Was für Vermieter überlebensnotwendig ist, damit sie nicht in der Obdachlosigkeit landen, ist für niedrigere Lebensformen überzogen. Diese können ja einfach von der Inflation davonlaufen", erklärt er.

Soziale Hängematte?

Auch in Regierungskreisen gibt es Vorbehalte. Besonders kritisch sieht Wirtschaftsminister Martin Kocher die zunehmende Anzahl an Halbmarathonläufern, denen er Leistungen streichen möchte: „Es kann nicht sein, dass jemand, der nur die halbe Strecke läuft, genauso viel Wasser trinken und genauso viele Bananen essen darf wie jemand, der die volle Strecke läuft. Das wird in Zukunft nicht mehr finanzierbar sein." Statt Wasser zu trinken, sollen Halbmarathonläufer nur mehr den Schweiß des Vordermannes ablecken dürfen.

Autoland

Bundeskanzler Nehammer sieht sogar den Wirtschaftsstandort durch Laufveranstaltung gefährdet. Österreich sei ein Autoland und soll das auch weiterhin bleiben.

„Autos verbrennen im Überfluss vorhandenen Benzin und Diesel, Läufer verbrennen jedoch wertvolle Kalorien. Für diese sinnlose Verschwendung von Lebensmitteln fehlt mir jedes Verständnis", erklärt Nehammer. Er fordert daher Technologieoffenheit und eine generelle Motorisierung aller Laufbewerbe. „Da darf es keine Denk- und Fahrverbote mehr geben", so der Kanzler.

Sensation im Votivpark: Archäologen entdecken alte Kirche hinter Werbegerüst

Foto: Georg Hochmuth / APA / picturedesk.com

Nichts weniger als eine Sensation gibt es aus dem Wiener Votivpark zu melden: Ein archäologisches Team legte hinter einem Samsung-Werbegerüst eine bisher unbekannte, uralte Kirche frei. Das Gebäude wird auf das mittlere 19. Jahrhundert datiert.

WIEN – Ganz Wien kennt und liebt das gigantische Werbegerüst, das seit Jahrzehnten den Votivpark an der Wiener Ringstraße verschönert. Doch niemand konnte ahnen, dass sich hinter den prächtigen Samsung-Galaxy- und Audi-Q7-Produktfotos eine Ruine versteckt. „Wo ist es hin?", rätselt Raimund Steinbacher, Leiter einer chinesischen Reisegruppe, die extra wegen dem weltbekannten Gerüst angereist ist.

An seiner Stelle ragt nun ein 99 Meter hohes, neogotisches Sakralbauwerk in den Wiener Himmel. Dutzende Passanten bleiben stehen und betrachten gelangweilt die prächtig bemalten Glasfenster und das ornamentale Gerippe der beiden Türme. „Puh, wieder eine Kirche, na das hamma in Wien noch braucht", seufzt eine Pensionistin. „Das Gerüst war irgendwie schon schöner."

„Wenigstens hat die zwei Türme, ned so wie der Steffl", raunt ein anderer Passant. „Schaut für mich irgendwie aus wie zwei Minarette, mir san do ned im Islam", ärgert sich ein Mann mit „Gib Gates keine Chance"-Anstecker am Hemd.

Aufregung im Grätzel

Bei den Nachbarn herrscht nun große Aufregung. „Die Mieten gehen gerade runter, junge Familien ziehen weg, flüchten über den Gürtel hinaus", erklärt eine Anrainerin. „So eine Kirche steigert natürlich die Kriminalitätsrate, unsere Buben sind in Gefahr." Eine Bürgerwehr, bestehend aus einem Dutzend bekiffter Hacky-Sack-Studenten aus dem Votivpark, patrouilliert nun und meldet herumstreunende Priester in einer Online-Gruppe.

Kultgerüst

Das kultige Gerüst wird derzeit von Archäologen gesäubert und kommt anschließend ins Kunsthistorische Museum. „Tausende Wiener sind damit aufgewachsen. Das Gerüst ist ein Stück Stadtgeschichte, genauso wie Ursula Stenzel, die gerade im Naturhistorischen Museum in Weißem Spritzer konserviert ausgestellt wird, oder die kaputte Rolltreppe im Bahnhof Handelskai, die seit 3400 vor Christus besteht", erklärt Johannes Riedler vom Kunsthistorischen Museum.

Umfassende Restaurierung

Für Bürgermeister Michael Ludwig kommt der Fund ungelegen, durchkreuzt er doch seine Pläne für den achtspurigen Votivtunnel. Die Stadt Wien will die Kirche im Votivpark nun dennoch umfassend restaurieren. Dazu soll das baufällige Gebäude schon ab kommender Woche für 22 Jahre hinter einem Baugerüst verschwinden. Finanziert wird die Restaurierung durch großflächige Werbeplakate für Smartphones und Autos, die am Gerüst angebracht werden.

Lebensmittel immer teurer: Spar ersetzt alle Preisangaben mit „Preis auf Anfrage"

Foto: Die Tagespresse (M)

Die Teuerung hat das Land im Griff. Um Kundinnen und Kunden nicht weiter zu verunsichern, tauscht der Lebensmittelkonzern Spar alle Preisschilder aus. Die Preise seien demnach nur mehr auf Anfrage zu erfahren.

WIEN – „Einen schönen guten Tag, der Herr interessiert sich für eine Butter?", fragt die Mitarbeiterin einen Kunden vor dem Kühlregal und streift sich weiße Samthandschuhe über. „Gestern frisch reingekommen: Unsere ‚NÖM Streichzart' überzeugt mit angenehmem Sahnearoma, der perfekte Geschmacksträger. Das ideale Geschenk zum Hochzeitstag für die Gattin! Besonders empfehlen kann ich dazu auch eine Tirol Milch, kostet bei uns auch nur fast das Doppelte wie in Italien."

Der Kunde zögert noch. „Was kostet die Butter denn?" Die Mitarbeiterin lächelt. „Kommen Sie bitte nach hinten ins Büro. Dort unterbreiten wir Ihnen gern ein individuelles Angebot, auf Ihre Bedürfnisse zugeschnitten, und finden auch eine passende Lösung bei der Finanzierung. Darf's ein Glaserl Prosecco sein?"

Hohe Sicherheitsvorkehrungen

Behutsam öffnet ein Mitarbeiter das Sicherheitsschloss an der Ketchup-Panzerglasvitrine für eine junge Mutter. Zwei elegant gekleidete Securitys, die zuvor für den Balenciaga-Store im Goldenen Quartier gearbeitet haben, murmeln etwas in den Funk. Vor der Filiale parkt sicherheitshalber ein Polizeiwagen.

„Bei uns ist für jeden Geschmack etwas dabei", erklärt der ausgebildete Tomatensauce-Sommelier Martin Nowak (Stationen im Steirereck, Amador und Noma) und reicht der Kundin eine Flasche „Spar Hot Ketchup".

Die Kundin telefoniert indessen mit ihrem Kreditinstitut, nippt an ihrer Testflasche und berät sich mit ihrem Anwalt, ehe sie den Kaufvertrag unterzeichnet. Sie hatte sich wenige Minuten zuvor bereits beim Anmieten eines Elfenbein-Einkaufswagens hoch verschuldet und muss den fälligen Betrag über zwölf Monate abgelten.

„Sammeln Sie auch Rabattmarkerln?", fragt die Mitarbeiterin an der Kassa. Die Kundin nickt und zeigt in ihre Sammelmappe, wo bereits 17 Markerln kleben. Die Kassiererin reißt die Augen auf: „Sind Sie wahnsinnig? Sie können doch nicht mit so wertvollen Gegenständen auf der Straße herumlaufen!"

Kartellvorwürfe

Vorwürfe an die Branche, sie würden ein Preiskartell bilden, lassen andere Vertreter nicht gelten. „Wer so etwas behauptet, der wird bald Betonschuhe tragen und in der Donau mit den Fischen schwimmen, capisci?", erklärt etwa das „Ja-Natürlich"-Schwein, das sich derzeit in Kalabrien auf einer Grillfeier der ‚Ndrangheta befindet, und beißt genüsslich in sein Spanferkel.

Fleischermeister Hofstädter reinigt in einer Filiale in Wien-Ottakring seine blutverschmierte Axt und zerrt eine Leiche unter die Theke. „Gnä' Frau, vielleicht noch 100 Gramm Schulterscherzerl vom Investigativjournalisten? Hab i ganz neu reingekriegt. Zergeht auf der Zunge, pipifein!" Das S-Budget-Börserl schaut ums Eck und singt: „Ooooooo! O wie Omertaaaa!"

VIP-Kunden

Zurück im Spar kommt Unruhe auf: Ein Bentley bleibt vor der Filiale stehen, ein reiches, russisches Ehepaar in Pelzmänteln steigt aus und möchte gern echte Marken-Produkte shoppen gehen. Die Securitys drängen die anderen Kunden aus dem Geschäft. „Aber ich hab doch noch gar nicht bezahlt!", reklamiert eine ältere Dame. „Wurscht", zischt ein Security. „Heut is dein Glückstag, und jetzt schleich di, bevor die Oligarchen dich sehen. Priwét, schön Sie zu sehen, ich bringe Sie gleich zu den Paprika, da?"

Damit sie nicht gemeinsam marschieren müssen: SPÖ feiert 1., 2. und 3. Mai

Foto: Halada, Fohringer / APA / picturedesk.com, SPÖ Presse (M)

Die SPÖ begeht den heutigen Tag der Arbeit anders als gewohnt: Um Zusammenstöße zwischen den verfeindeten Clans zu vermeiden, feiert die Partei am 1., 2. und 3. Mai. Das Sicherheitskonzept wurde in Absprache mit der Polizei entwickelt und soll eine Eskalation der explosiven Lage verhindern.

WIEN – „Freundschaft", sagt Pamela Rendi-Wagner immer wieder, während sie in ihrem Büro auf und ab geht. Zehn Berater beobachten sie dabei und kritzeln mit ernstem Blick Notizen auf ihre Blöcke. „Ja, mhm, das war schon nicht schlecht, kannst du mir noch zehn

Prozent mehr Ansprache des Sinus-Milieus adaptiv-pragmatische Mitte geben?", fragt einer.

Rendi-Wagner nickt, räuspert sich und sagt entschlossen: „Freundschaft! So? Oder hat das schon nach postmateriellem Sinus-Milieu geklungen?" Die Berater applaudieren: „Nein, das war perfekt!" Rendi-Wagner ist bereit für ihren großen Auftritt. Schon bald betritt sie die Bühne – dann ist Showtime!

Doch heuer ist alles anders. Am 1. Mai dürfen nur die Anhängerinnen und Anhänger von Pamela Rendi-Wagner marschieren. Vor der Parteizentrale in der Löwelstraße sind bereits Heurigenbänke aufgebaut. Auf die Fans der Kanzlerin warten kleine Fläschchen Crémant, Blauschimmelkäse aus den Pyrenäen und Austern aus l'Ampolla. „No servas, du bist oba optimistisch", murmelt ein Arbeiter, als sein Kollege noch eine dritte Heurigenbank dazu stellt.

Burgenländische Militärparade
Der 2. Mai ist für die Entourage von Hans Peter Doskozil reserviert, der mit einer burgenländischen Militärparade am Ring Stärke demonstrieren will. „Doskozil ist für uns schwer einzuschätzen", erklärt ein Verfassungsschützer. „Er ist links und auch rechts, so eine Art Uhudler-Ustasa, brandgefährlich." Hunderte WEGA-Beamte mit Kampfhunden werden deshalb die Löwelstraße abschirmen. Sollte das nicht helfen, wartet dahinter ein veganer FLINTA*-Lastenradkorso, um Doskozil abzuschrecken.

Andreas Babler, der am 3. Mai dran ist, zeigt sich etwas zurückhaltend. „Ich würd jetzt eher ned mit einem großen Aufmarsch rechnen in Wien. Die meisten meiner Fans leben in den sozialen Medien. Die können heute ned beim Maiaufmarsch sein, weil sie von zu Hause von der Couch aus auf Twitter den Maiaufmarsch kommentieren müssen."

Für den Aufmarsch des „Kreisverkehr-Guevaras" (Zitat: *Exxpress.at*) am 3. Mai sollen dennoch die meisten Polizeikräfte im Einsatz sein. Die Wiener Polizei kündigte bereits den Einsatz von drei Wasserwerfern und einen fünflagigen Polizeikessel um den Rathausplatz an.

„Bei den Linken weiß man nie, das kann schnell gewalttätig werden. Ah, servas, Walter", der Polizist winkt einem Mann mit Galgen und Impfjudenstern, der ihn mit einem freundlichen Hitlergruß begrüßt.

Gräben zuschütten

An den Folgetagen werden weitere SPÖ-Flügel erwartet: Am 4. Mai lädt Werner Faymann auf den Rathausplatz zu seinem Pfadfinderkurs „So wisst ihr, dass die Richtung stimmt", inklusive Streichelzoo mit süßen Eseln. Am 5. Mai veranstaltet Christian Kern eine Haute-Couture-Modenschau zum Thema „Loco Lokomotivé". Am 6. Mai macht Alfred Gusenbauer eine Weinverkostung edler russischer Tropfen.

Damit alle SPÖ-Splittergruppen ihren eigenen Tag bekommen können, wird das Monat heuer bis zum 94. Mai verlängert.

Talent und harte Arbeit: So wurde Mark Mateschitz mit 30 reichster Österreicher

Foto: Imago / Motorsport Images

Er ist ganz oben angekommen – und das völlig verdient. Im zarten Alter von nur 30 Jahren darf sich Mark Mateschitz als reichster Österreicher bezeichnen. Während andere in seinem Alter noch studieren, feiern oder einem Teilzeitjob nachgehen, erarbeitete er sich ein Vermögen von 23 Milliarden Euro. Wer ist der medienscheue Selfmade-Man?

SALZBURG – „Started from the bottom, now we here", rappt Drake aus den Boxen, während Mark Mateschitz aus seinem Auto steigt. Der junge Mann gilt als der neue Shooting Star unter Österreichs Entrepreneuren – er kam wie aus dem Nichts. Mateschitz setzt sich eine Sonnenbrille auf, um nicht von seinem eigenen Erfolg geblendet zu werden.

„Alles, was ihm seine Eltern mitgaben, waren Ehrgeiz, Fleiß und kleines Startkapital von 23 Milliarden steuerfreien Euro", berichtet ein Insider. „Ich kannte seinen Papa, der hatte einen Limonadenstand in Fuschl, eine anspruchslose Familie."

Doch anstatt zu jammern, krempelte Mark Mateschitz die Maßhemdsärmel hoch und ging zum Notar, wo er einen 180 Gramm schweren Kugelschreiber hochstemmte und seine Unterschrift auf ein Blatt Papier setzte. Es ist diese Risikobereitschaft, dieses unternehmerische Denken, das ihn von seinen armen Altersgenossen unterscheidet.

Falsches Mindset

Die meisten gleichaltrigen Menschen gehen einem normalen 9-to-5-Job nach, haben dadurch gar keine Zeit zum Erben. „Ein strategischer Fehler", erklärt Vermögensexperte Christoph Schreuer. „Arbeit wird mit bis zu 55 Prozent besteuert. Wer arbeiten geht, der will nicht reich werden. Das ist das falsche Mindset", schüttelt er den Kopf.

Eine Erbschaftssteuer würde den jungen Mann in den Ruin treiben: „Was soll er mit den ganzen Dosen machen? Auf der Mülldeponie arbeiten? Dosenwerfen?"

Erbschaftssteuer brandgefährlich

Eine Studie, die bei führenden Ökonomen gekauft wurde, zeigt ganz klar: Eine Erbschaftssteuer könnte große gesellschaftliche Verwerfungen verursachen. „Stellen Sie sich vor, jemand hat sich als Installateur oder Landwirt ganz normal vier Milliarden Euro erarbeitet, wie man es halt so macht, und dann muss der zwei Milliarden hergeben für sozialistische Hirngespinste wie Spitäler oder Schulen", erklärt Bundeskanzler Karl Nehammer.

„Die Eliten könnten durchdrehen, vorm Meinl am Graben randalieren, komplett verarmen, wenn wir ihnen die Bordier-Butter vom

Josephbrot nehmen. Am Ende können sich die Reichen dann nicht mal mehr Gesetze leisten."

Nehammer deutet vom Graben bis zum Kohlmarkt. „Sehen Sie das? Das gehört alles den Wlaschek-Nachkommen. Die mussten hart erben, um das alles hier zu besitzen. Wenn wir ihnen davon 50 Prozent wegnehmen, in welchem Palais sollen sie dann schlafen? Denken Sie darüber nach, wenn Sie mal wieder leistbaren Wohnraum fordern!"

Den Krone-Journalisten eine „kleben": Darf ich das?

Foto: Tagespresse Kreativ

Wer kennt das nicht? Am Weg zur Arbeit wird man an der Trafik von einer menschenverachtenden _Kronen Zeitung_ aufgehalten. Sofort schnellt der Puls in die Höhe, Gewaltfantasien blühen auf, man würde am liebsten ordentlich zulangen. Doch Vorsicht! Ist das eigentlich rechtlich zulässig? DiE TAGESPRESSE fragt einen Juristen.

WIEN – Sie blockieren rücksichtslos den Fortschritt, kleben sich an antiquierte Werte fest und nehmen keine Rücksicht auf Gesetze. Vielen Menschen in Österreich sind *Krone*-Journalisten deshalb schon lange ein Dorn im Auge. Da kommt einem schon mal die Hand aus, da rutscht schon einmal der Fuß auf das Gaspedal des SUVs – und schon ist man im Kriminal!

Krone-Journalisten ärgern das ganze Land täglich mit ihrem aggressiven, der Gegenaufklärung verpflichteten Aktivismus. Gewaltfantasien gegen sie sind daher verständlich, rational und menschlich. Sie sind die wahre letzte Generation, denn nach ihnen ist Printjournalismus tot.

Doch was viele überraschen wird: Seit 1920 leben wir mit einer „kleinen, sympathischen Unterbrechung" (Zitat: *Kronen Zeitung*) in einer Demokratie, die allen Bürgerinnen und Bürgern Grundwerte garantiert. Etwa das Recht auf freie Meinungsäußerung. Ja, auch wenn das absurd klingt: Das gilt auch für *Krone*-Journalisten!

Daher sind unangenehmste Konsequenzen zu befürchten, wenn man seinen Trieben nachgibt. Das beginnt bei strafrechtlichen Scherereien und könnte bis hin zu zivilrechtlichen Ansprüchen reichen, wenn der *Krone*-Journalist Verdienstentgang einklagt, weil er wegen seiner bandagierten Finger keine Regierungsinserate mehr entgegennehmen kann. Da geht es schnell um Millionen!

Gewaltfreier Widerstand

Es gibt aber auch gewaltfreie Formen des Widerstands gegen den widerwärtigen Protest, der das Land lahmlegt: Kleben Sie sich an die Heurigenbänke, auf denen der Gewalt-Greis und *Krone*-Hausmeister Michael Jeanée seine Kolumnen in die Schreibmaschine hämmert. Kleben Sie sich an die Gemälde, die *Krone*-Chef Christoph Dichand mit seinem Geld aus Inseratenkorruption bei Auktionen ersteigert.

Oder seien Sie ganz einfach ein Ausländer, eine Frau, eine Transperson, ein Linker oder eine Radfahrerin und treiben Sie alleine durch Ihre Existenz den Puls der *Krone*-Journalisten in den lebensgefährlichen Bereich.

Doch was, wenn doch einmal etwas passiert und Ihnen die Hand auskommt? Kein Problem, Sie haben den Segen der *Krone*-Redaktion. Denn wie sagt man? Wer alt genug zum Hetzen ist, ist alt genug, um eine geklebt zu bekommen.

Es gibt noch Wunder: 74-jähriger Langzeitarbeitsloser findet endlich Job

Foto: Oli Scarff / AFP / picturedesk.com

Besonders ältere Arbeitslose kämpfen oft mit Schwierigkeiten beim Wiedereintritt ins Erwerbsleben. Der Fall eines 74-jährigen Briten macht nun Mut: Charles von W. aus London ergatterte nach Jahrzehnten in der Arbeitslosen eine Stelle als Hilfskraft beim britischen Staat.

LONDON – „Ich kann es selbst noch nicht glauben", murmelt der zu Tränen gerührte Opa. Der 74-jährige Charles sieht sich nervös lächelnd um, die Kameras blitzen, die Menschen jubeln. Man merkt ihm an, dass es sein erster Tag im neuen Job ist.

Es ist wohl eine Ironie des Schicksals, dass der rüstige Brite zuvor 13-mal aufgrund einer Allergie gegen körperliche Arbeit von Burger King abgelehnt wurde – und jetzt endlich im neuen Job durchstarten darf. Dabei war seine Situation bis vor Kurzem noch äußerst trist. „Ich hab im Hotel Mama gelebt, aber jetzt, wo sie tot ist, muss ich wohl erwachsen werden und selbst über die Runden kommen." Für ihn beginnt jetzt der Ernst des Lebens, seinen geliebten Gaming-PC hat er bereits auf eBay verkauft.

Talent und Durchhaltevermögen

„Ich hoffe, dass ich ein Vorbild sein kann für alle älteren Arbeitslosen", erklärt Charles mit feuchten Augen. „Bis Samstag war ich noch einer von euch. Hab meine trostlosen Tage verbracht mit Polo oder Fuchsjagden. Aber wenn ihr hart arbeitet, Talent zeigt und euch nicht unterkriegen lässt, gelingt der Wiedereinstieg."

74 Jahre Arbeitslosigkeit haben nicht nur äußerliche Spuren hinterlassen. Charles wirkt unsicher, fast schon verlegen. Er hatte in den letzten Jahren kaum Umgang mit anderen Menschen. Wenn er am späten Vormittag aufstand, waren seine sieben Butler und 23 Hausmädchen alle bereits verschwunden.

Lautstarke Kritik

Doch es wird auch Kritik laut. Insider monieren, bei der Stelle als Head of the Commonwealth Realm handle es sich um einen überflüssigen Hilfsjob ohne tatsächliche Aufgaben oder Pflichten, der die Steuerzahlerinnen und Steuerzahler Unmengen an Geld koste. Alleine für die Ernennung wurden 100 Millionen Pfund fällig – umgerechnet rund zehn Abendessen in einem guten Londoner Restaurant.

Trotzdem erhält Charles sogar eine Dienstwohnung im Zentrum der Stadt. Einen Vorgesetzten, der seine Arbeit überwacht, gibt es nicht. Nun besteht auch die Sorge, Charles könnte seine Stelle missbrauchen, um seinen Sohn – ebenfalls arbeitslos – als Nachfolger in Position zu bringen. Die Kritik an „Nepo Babys" ist mittlerweile auch in Großbritannien angekommen.

AMS erleichtert

Das britische AMS zeigt sich trotz aller Kritik erleichtert, den Härtefall Charles endlich untergebracht zu haben. „Er kann absolut nichts, er ist ein Mann ohne Eigenschaften und fragte immer nur, wann er die nächste Überweisung aus der Staatskasse erhält. Unsere Fortbildungskurse, wie man sich richtig bewirbt oder mit Excel umgeht, hat er auch nie besucht."

Anstrengende Krönung

Seinen ersten Arbeitstag hat sich Charles anders vorgestellt. „Diese Krönung war ur anstrengend, ich hab eine Gastritis von den ganzen Lachsbrötchen, Strawberry Fools und Sticky Toffee Puddings bekommen. So hart hab ich nicht mehr arbeiten müssen, seit ich dem Fahrer von meiner Ex auf Mamas Befehl heimlich Schnaps in den Kaffee geleert hab." Er meldet sich nun wegen Burnouts krank und beantragt eine mehrmonatige Reha im Schloss Windsor.

Vorbild Wien

Was in Großbritannien als Novum gefeiert wird, ist in Wien schon lange Usus. Dort gibt es bereits seit Jahrzehnten ein Programm für hoffnungslose Fälle. Dutzende talentfreie Menschen konnten bereits als „nicht-amtsführende Stadträte" neue Hoffnung schöpfen. „Ja, natürlich, manchen Leuten hilft das schon. Aber mir persönlich hat's nix gebracht, ich bin danach erst recht wieder in die Kriminalität abgerutscht, es ist ein Teufelskreis", erzählt der ehemalige Programmteilnehmer Johann Gudenus.

Durchbruch bei Lebensmittelgipfel: Jeder Österreicher erhält eine Kartoffel

Foto: Tagespresse Kreativ

Einen unerwarteten Durchbruch erzielte der heutige Lebensmittelgipfel. Die Regierung sagt allen Österreicherinnen und

Österreichern eine ganze Kartoffel zu. Die nahrhafte Knolle kann ab nächster Woche unter Vorlage eines Lichtbildausweises in einer Postfiliale abgeholt werden.

WIEN – Es ist der dringend benötigte Erfolg für Sozialminister Johannes Rauch in Zeiten der Rekordteuerung. Der Politiker lässt es sich nicht nehmen, die Entlastung selber zu verkünden. „Ich kann euch heuer zu Weihnachten nichts geben! Außer einer Kartoffel. Nahrhaft, sättigend und vielseitig", erklärt Minister aus Vorarlberg euphorisch.

„Bei uns daheim machemer immer Erdäpfelrieb. Zerscht bruchsch älle Zuetata, dänn kochsch d'Grombira bis se weich sind. D'Zwiabl schäle und fei riebe, d'Grombira abgieße, d'Eier drunter mische und no amol gue. An Guata!" Die Gebärdendolmetscherin wird mit einem Ellbogenbruch ins Spital eingeliefert. Es ist diese einfache, verständliche Kommunikation, die von Fachleuten seit Jahren so vehement eingefordert wird.

Vizekanzler Werner Kogler steht neben ihm und nickt, in seinen Gedanken ist er aber bereits bei Gitterpommes im McMenü.

Bevölkerung zufrieden

Lokalaugenschein in einer Spar-Filiale im 15. Bezirk. „Wir freuen uns alle schon auf die Kartoffel, gell?", sagt eine Mutter. Ihre Tochter nickt mit leuchtenden Augen. Es wird ihr erstes und wohl auch letztes Gemüse in diesem Jahr sein. „Magst du der Mama die S-Budget-Nudeln holen?" Die Tochter flitzt los, während die Mutter eine Flasche Ketchup in der Handtasche verschwinden lässt.

In den Postfilialen bereitet man sich auf den Ansturm vor. „Das wird wieder ein Wahnsinn", seufzt Niklas Hellmayr, er arbeitet in einer Filiale in Wien-Margareten. Kunden bekommen zuerst einen Kartoffelgutschein ausgehändigt, den man nach einer Unterschrift sowie unter Vorlage eines Lichtbildausweises oder Reisepasses in eine Kartoffel umtauschen kann.

„Das ganze Prozedere dauert mehrere Minuten bis Stunden, ich empfehle Proviant." Die Kartoffel wird aus Sicherheitsgründen aber nur zu 50 Prozent ausgehändigt, der Rest kommt dann im RSb-Brief. Manche per Zufall ausgewählte Personen erhalten statt der Kartoffel einen Sodexo-Gutschein, der für eine Kartoffel eingelöst werden kann.

Kosten explodiert

Der Lebensmittelgipfel musste heute allerdings vorzeitig beendet werden. Die Mittagspause beim Billa nebenan ließ die Kosten explodieren. Nehammer ließ sich laut Insidern sein Semmerl mit 90 (!) Gramm Extrawurst belegen. Die PowerPoint-Präsentation der Handelsvertreter mit dem Titel „100 Euro für einen Liter Milch: So retten wir gemeinsam den letzten Greißler, der noch nicht von REWE, Spar und Hofer vernichtet wurde" musste verschoben werden.

Da durch die Aktion „Wir sind Kartoffeln!" ein stark inflationsdämpfender Effekt erwartet wird, ist vorerst kein weiterer Lebensmittelgipfel geplant. Es scheint, als wäre der Regierung Nehammer ein weiterer Erfolg gelungen.

Es war ein Anschlusszug: ÖBB rechtfertigt abgespielte Hitler-Rede

Foto: ÖBB/Harald Eisenberger (M)

Wehrmacht denn so was? Statt einer Stationsdurchsage bekamen Passagiere im Zug von Bregenz nach Wien gestern eine über das Lautsprechersystem eingespielte Hitler-Rede zu hören. Die ÖBB rechtfertigten den Vorfall mit dem Hinweis, dass es sich bei der betroffenen Garnitur um einen Anschlusszug handelte.

BREGENZ/WIEN – Aufregung im ÖBB-Hailjet nach Wien. Normalerweise werden kurz vor St. Pölten massive Verspätungen, das Schließen des Restaurants wegen Personalmangels oder Oberleitungsschäden durchgesagt. Doch diesmal kommt es anders: Aus den Lautsprechern dröhnen Hitler-Reden – inklusive „Heil Hitler"-Rufen. Fahrgast Michael Steingaßner wurde zum Ohrenzeugen. „Einige im Zug haben applaudiert, teilweise auch mitgegrölt. Zuerst hab ich mir gedacht, das müssen die neuen Vorschriften der niederösterreichischen Landesregierung sein, damit das Bordrestaurant die Wirtshausprämie bekommt." Doch dafür reichen eigentlich Eiernockerl auf der Tageskarte.

Minutenlang wurden die Passagiere beschallt. „Um die Lautsprecher abzudrehen, wollte ich das Durchsagenkasterl mit meinem Schlüssel öffnen", erzählt der Schaffner David Göring. „Aber irgendwer stahl in grad. Es hat dann eh super gepasst, es war ja immerhin ein Anschlusszug."

Lokführerin Eveline Braun konnte ebenfalls nichts unternehmen. „Meine Aufgabe ist das Fahren, wir haben eh schon wieder eine 1000-jährige Verspätung gehabt."

Euphorische Stimmung

Landeshauptfrau-Stellvertreter und Antisemitismusbeauftragter Udo Landbauer befand sich ebenfalls zufällig an Bord. Für ihn hatte die Zugfahrt unangenehme Folgen. Er stand während der Rede auf, hob den Arm zum Hitlergruß und schrie: „Endlich ist es so weit! Zug umkehren!" Danach bereute er die Aktion. „Ich hab einfach mitgejubelt, da war so eine euphorische Stimmung, ich wusste ja von nichts."

Totale Konsequenzen

Der nationalsozialistische Zwischenfall passierte laut ÖBB aufgrund einer „technischen Störung". Eine schlüssige Erklärung; es kommt bekanntlich bei Problemen diverser technischer Gegenstände immer wieder zum plötzlichen Abspielen von Hitler-Reden.

Die ÖBB drohen den Verursachern nun mit rechtlichen Folgen: „Wollt ihr die totalen Konsequenzen? Wollt ihr sie noch totaler, als ihr sie euch überhaupt vorstellen könnt?", schreibt die Pressestelle auf Twitter. Trotzdem gebe es Sitzplätze ohne Hitler-Rede künftig nur mehr mit Reservierung.

Bei den Wiener Linien betont man auf Nachfrage, dass ähnliche Vorfälle ausgeschlossen werden können. Die neue U5 fahre ab 2026 vollkommen führerlos.

Überzeugt von ÖBB: Kickl kauft sich Klimaticket

Foto: Werner Kerschbaummayr / APA / picturedesk.com, GT1976 (M)

Der Kampf gegen den Klimawandel erfordert eine Verkehrswende. Das sieht nun erstmals auch FPÖ-Politiker Herbert Kickl ein. Er kaufte sich gestern ein Klimaticket und will seine Reisen zukünftig so oft wie möglich mit den ÖBB bestreiten – für ein rechtes Klima.

WIEN – Wien Hauptbahnhof, 11:45 Uhr, Bahnsteig 8 S-A. HJ 642 nach Salzburg Hauptbahnhof fährt ein. Stolz betrachtet Kickl sein neues Klimaticket. „Es ist nicht alles schlecht unter der Gewessler", gesteht er, während er einsteigt und seinen Sitzplatz sucht. Der FPÖ-Chef fährt seit gestern ausschließlich mit den ÖBB.

„Ich zwinge natürlich niemanden zum Umstieg auf den Zug, jedem das seine", lächelt Kickl und öffnet seine Tupperdose, in der er

---

geschälte Apfelscheiben dabeihat. Neugierig betrachtet er das vorbeigleitende Wien. Es ist Kickls erste Zugfahrt. Es ist überhaupt die erste Zugfahrt eines Freiheitlichen seit 1945.

Wichtige Dienstreise
Kickl fährt heute nach Linz, wo er eine gefährliche Drag Queen-Lesung vor Kindern verhindern will. „Nicht auszudenken, was in den kleinen Kinderköpfen passiert, wenn sie solche gefährlichen Inhalte zu hören bekommen. Finger weg von unseren Kindern", schüttelt er den Kopf. Außerdem besucht Kickl eine bewaffnete Bürgerwehr in Wels, die Schüler und Schülerinnen mit Gewalt davon abhält, Jogginghosen zu tragen. In Kickl-Camps sollen die Kinder im Sommer dann zur Hosenjugend umerzogen werden.

Der FPÖ-Chef ist nicht der einzige Umsteiger auf die Schiene. Im Waggon sitzen zahlreiche Pendler, die bis gestern noch überzeugte Autofahrer waren. „Das hier ist immer noch besser als Ö3", erklärt einer, der nach dem vierzigsten Ed-Sheeran-Song an nur einem Tag seinen SUV in einen Baum gelenkt hat.

Fehlalarm
Die erste Durchsage erklingt: blechern und mit höchstens 20 Dezibel. Kickl spitzt die Ohren. „Tschuldigung, war das was mit ‚Heil', ‚Sieg', so was in die Richtung?", fragt Kickl seine Sitznachbarin. „Nein, ‚Meidling'." „Alles klar, danke", sagt er und kann seine Enttäuschung nur schwer verbergen. Schmallippig starrt er aus dem Fenster.

Nach 30 Minuten ist es dann endlich soweit: Eine Hitler-Rede wird abgespielt. Kickl rutscht mit knallroten Wangen auf seinem Sitz hin und her, mit seiner Tupperdose verbirgt er eine Spontanerektion. Mehrere Fahrgäste im Waggon klatschen. Es sind diese kleinen technischen Störungen, die das ÖBB-Fahrerlebnis ausmachen und von NZZ über CNN bis hin zum *Guardian* weltweit gewürdigt werden.

Nein zu Westbahn
Fahrten mit der Westbahn schließt Kickl aus. „Dieser unpatriotische Haselsteiner-Konzern kann sich brausen gehen. Dort laufen im Lautsprecher nur Stalin-Reden. Für die nächste ÖBB-Fahrt pack ich aber eine zweite Hose ein", lacht Kickl und verbirgt peinlich berührt den feuchten Fleck in seinem Schritt.

Doch dann das: Der Zug bleibt in der oberösterreichischen Pampa liegen, der Zugführer verkündet einen Oberleitungsschaden! Erstmals in seinem Leben ist Kickl von einem Führer enttäuscht. Alle 500 Fahrgäste werden zu zwei Schienenersatzverkehrsbussen gelotst. „Das ist mein D-Day", seufzt Kickl. Doch dann erblickt er die Aufschrift auf seinem Bus: „Impfen ist Mord". Er lächelt. Das Klimaticket hat sich also doch gelohnt.

Letzter Versuch zur Inflationsbekämpfung: Regierung setzt auf Homöopathie

Foto: Roland Schlager / APA / picturedesk.com

9,7 Prozent! Während die Inflation in fast allen anderen EU-Ländern zurückgeht, ist sie in Österreich im April erneut angestiegen. Die Regierung will jetzt einen letzten Versuch unternehmen, um die Teuerung einzudämmen: Sie setzt auf die Lehren der Homöopathie.

WIEN – Kanzler Karl Nehammer und Vizekanzler Werner Kogler geben sich jubelnd eine High Five, die neuen Inflationszahlen kommen soeben über die APA rein: 9,7 Prozent im April, nach 9,2 im März. „Erstverschlechterung! Unsere Maßnahmen wirken", jubelt der Kanzler und klopft Kogler etwas zu fest auf den Rücken.

Der Vizekanzler ist beeindruckt: „Ich hab zwar nie an Homöopathie geglaubt, das ist einfach nur so ein grüner Hokuspokus, an den im Jahr 2023 wirklich nur noch völlig Wahnsinnige glauben, also eigentlich genau wir, aber anscheinend ist da doch was Wahres dran." Er öffnet eine Flasche Rückgrats-Globuli und leert sie auf ex.

Altes Wissen

Schon seit Längerem bekämpft die Regierung die Teuerung streng nach dem Ähnlichkeitsprinzip von Samuel Hahnemann: Für eine Behandlung ist ein Arzneimittel anzuwenden, das in höherer Konzentration ähnliche Symptome hervorruft wie die Krankheit. Bedeutet in der Praxis: „Direktzahlungen, die die Inflation befeuern, werden so stark potenziert, dass sie in der Geldbörse kaum noch wahrnehmbar sind, und werden dann mit der Gießkanne ans Volk verabreicht", liest Nehammer vom Beipackzettel.

Effektive Behandlung

Finanzminister Magnus Brunner beugt sich über das Budget und träufelt mit chirurgischer Präzision einige Rescue-Bachblüten auf das Papier, dann drückt er mehrere Globuli in die Tastatur seines Laptops. „Dreimal am Tag, dann haben wir bald ein Nulldefizit, oder?", fragt er. Aus seinem Laptop nickt ihm seine bolivianische Wahrsagerin, Frau Cespedes, entgegen, die er für 10.000 Boliviano pro Stunde konsultiert, und die schon im nächsten Quartal Staatssekretärin werden könnte.

„Sí, señor, sí", sagt Frau Cespedes und nickt lächelnd in die Kamera. Brunner ist erleichtert. Er drückt sicherheitshalber noch ein Globuli zwischen die Tasten seines Taschenrechners und lehnt sich zurück. „Mehr kann ich jetzt auch nicht mehr machen", lächelt er, während vor dem Finanzministerium eine alleinerziehende Mutter bettelt, die sich ihr Leben trotz zweier Jobs nicht mehr leisten kann. Brunner öffnet das Fenster und bewirft sie mit einem Soforthilfe-Globuli.

Sollte auch die Homöopathie versagen, will die ÖVP die nächste Stufe einleiten. „Exorzismus. Drei Sessions beim Sobotka und wir werden dem Euro den Teuro austreiben", nickt der Kanzler. Wolfgang

Sobotka erscheint aus einer Nebelschwade im Eck und schwingt seinen goldenen Weihrauchkessel.

Lebensmittelhandel ebenfalls überzeugt

Auch der Lebensmittelhandel will auf neue, alternativ-ökonomische Mittel setzen. In ausgewählten Billa-Filialen schallen heute die Schwingungen von bis zu zehn Klangschalen gleichzeitig aus den jö.live-Boxen. „Der sanfte, metallene Klang gibt den Kunden die emotionale Kraft, die derzeit nötig ist, um bei uns einkaufen zu können", erklärt Pressesprecher Hans-Peter Jilek.

Zudem würden viele der angebotenen Produkte jetzt zusätzlich als hochpotenzierte Dilution verkauft, wirbt eine Tafel unter einer glasklaren Whiskyflasche.

Feierlaune

Nehammer und Kogler feiern unterdessen ihren Erfolg. Die beiden wurden um drei Uhr früh gesichtet, wie sie sich vor einem Weingut in Klosterneuburg übergeben mussten. Alkoholkonsum bestreiten sie jedoch. „Das is nur eine Therapie, Ayahuasca, wir wollen unsere innere Mitte finden … oder Rechts-Mitte halt bei dir Charlie, oder? Haha", lallt Kogler. Nehammer lacht. Österreich kann sich glücklich schätzen, von zwei derart kompetenten Politikern durch die schlimmste Wirtschaftskrise seit dem Zweiten Weltkrieg gesteuert zu werden.

FPÖ klagt Tagespresse nach Fake-Briefen auf 47.500 Euro: Statement der Redaktion

Foto: Georges Schneider / picturedesk.com

Es ist so weit: Erstmals seit ihrer Gründung durch ehemalige SS-Offiziere geht die FPÖ nicht gegen kriminelle Ausländer, sondern gegen unbescholtene Inländer vor. Die FPÖ Niederösterreich brachte eine Klage gegen DiE**TAGESPRESSE** **beim Wiener Handelsgericht ein. Sie fordert, dass wir ihre visionäre Wirtshausprämie künftig nicht mehr bewerben. Ist der FPÖ ihre eigene Maßnahme peinlich, oder steckt da mehr dahinter?**

Da wird doch die mittelrohe Fleischschnitte in der Pfanne verrückt! 47.500 Euro Kapitalforderung erhebt die FPÖ Niederösterreich gegen die Redaktion – umgerechnet mehr als 650.000 Schilling. Denn als so manch niederösterreichisches Gasthaus Ende April einen Brief über die neue Wirtshausprämie im Postkasten fand, hielten ihn wohl einige für eine ernste Maßnahme einer Scherzpartei, und nicht für eine Scherzmaßnahme einer ernsten Zeitung.

Man muss es sich auf der Zunge zergehen lassen wie ein Gabalier-Laberl: Udo Landbauer, ein Mann, der den Steuerzahlern auf der Tasche liegt und sich bisher noch nie unternehmerisch, sondern nur

---

wiederbetätigt hat, geht mit seiner Partei gegen ein erfolgreiches, patriotisches Unternehmen vor. Ein Unternehmen, das hier Arbeitsplätze schafft und Steuern zahlt. Aber damit kann die Partei der „Nunmehr Waldhäusl & Co. KG" auf Zypern wohl nichts anfangen.

„Wiederholungsgefahr"

Besonders schockiert sind wir über den Vorwurf: „Es besteht Wiederholungsgefahr." Erstens: Nein, denn das Einmaleins der Satire besagt, einen guten Witz macht man kein zweites Mal. Und zweitens: Wir sind davon ausgegangen, dass gerade die FPÖ bei Wiederbetätigungen Kulanz walten lässt.

Wie wir der Klage entnehmen, ist der FPÖ-Anwalt selbst Mitglied der Partei und saß für diese im österreichischen Bundesrat. Warum genau auf der Website seiner Burschenschaft eine deutsche Fahne zu sehen ist, ist uns ein Rätsel. Darf der überhaupt in Österreich praktizieren?

FPÖ gegen ehrliche Patrioten

Endlich wird sich zeigen, wem die Gerichte in diesem Land Glauben schenken: Hart arbeitenden, ehrlichen Österreicherinnen und Österreichern in unserer Redaktion, die unsere heimische Post durch den Kauf Hunderter Briefmarken unterstützen, oder einem unpatriotischen Perser, der unter seinem Decknamen Udo L. mit seinem Gratis-Caritas-iPhone in der sozialen Hängematte liegt und unseren österreichischen Gasthäusern das Leben zur Hölle macht.

Abschließend ist noch zu sagen: Wir sind eine freiheitsliebende, unabhängige Redaktion, die sich den Mund nicht von „denen da oben" (FPÖ Niederösterreich), die sich an den Futtertrögen des Systems laben und dank Korruption und Fantasiespesen in Saus und Braus leben, verbieten lässt.

Wir sind für euch, weil die FPÖ gegen uns ist!

PS: Wir wünschen unserem Anwalt alles Gute und entschuldigen uns erneut für eine weitere stressige Woche. Es besteht Wiederholungsgefahr.

Statt veganer Kochlehre: WKO präsentiert Bachelor of Leberkas Arts

Foto: Depositphotos (M)

Was sollen vegane Köche drei Jahre lang lernen? Diese Frage stellt nicht zu unrecht die Wirtschaftskammer und blockiert eine vegane Kochlehre. Stattdessen soll die hohe Kunst der Fleischzubereitung nun akademisch aufgewertet werden. Ab sofort bietet die FH Wien der WKW daher das neue, dreijährige Bachelor-Studium „Leberkas Arts" an.

WIEN – Im Aquarium der FH Wien der WKW am Währinger Gürtel ziehen Dutzende Fische leistungsorientiert ihre Bahnen. „Nimma lang, den schnapp i ma dann zur Jausn, goi Fischerl?", lacht Raphael Wurzwallner und drückt seine Nase gegen die Scheibe.

Er ist heute extra aus der Steiermark angereist, um sich für sein Traumstudium zu bewerben: den Bachelor (FH) of Leberkas Arts. „Zum Glück hab i eh a Proviant dabei von da Mama", grinst er und zieht ein Semmerl mit 600 Gramm Leberkäse aus dem Rucksack.

Raphael ist nicht alleine gekommen. Über 600 Bewerberinnen und Bewerber kämpfen um 30 Studienplätze. „Das Angebot is da Wahnsinn", lacht Julia Gumper, die extra aus Steyr angereist ist. Die

Studierenden dürfen sich auf ein umfassendes Curriculum freuen, das der Tagespresse vorliegt:

Erstes Jahr:
· Die perfekte Leberkasscheibendicke (zwei Semester, 10 ECTS)
· Semmerlkunde für Anfänger (zwei Semester, 15 ECTS)
· Beilagenkunde von E wie Estragonsenf bis M wie Mayo
  (zwei Semester, 10 ECTS)
· Unbezahltes Praktikum in der Billa Feinkost (ein Semester,
  5 ECTS)
· How-to: AMA-Gütesiegel erhalten (ein bis zwei Minuten, 30 ECTS)

Zweites Jahr:
· Interkulturelle Kommunikation: „Deafs a bisserl mehr sein?" in
  sieben Sprachen (10 ECTS)
· Adorno, Horkheimer und Co.: Kritische Gurkerl-Theorie (10 ECTS
  und ein Gurkerl)
· Kasleberkas-Recht (15 ECTS)
· Erasmus-Semester in der Hofstädter-Fleischerei in Wuhan
  (15 ECTS + drei Booster-Impfungen)
· Angewandte Pfefferoni-Theorie (10 ECTS)

Drittes Jahr:
· Qualitative Methoden der empirischen Senf-Forschung (5 ECTS)
· Cybersecurity: Die Entstehungsgeschichte von CIA, FBI und dem
  Jö Bonus Club (5 ECTS)
· Vergleichende Analyse von Leberkas Pepi und Neuburger
  (20 ECTS)
· Leberkas-Osteuropastudien (10 ECTS)
· Semmelnararbeit (10 ECTS)

Was alles in einen echten Leberkas reinkommt, wird jedoch nicht unterrichtet. „Das wollen Sie nicht wissen, haha", lacht Vortragender Julius Redmann unsicher und versteckt die drei gehäuteten Marder schnell in seiner Tasche. „Also wirklich nicht, sonst müsste ich Sie jetzt –" er macht eine Kopf-ab-Geste.

„Moderner Schmafu"

„Vegane Köche? Schnitzel aus Tofu? Was für ein moderner Schmafu! Ich habe genug von den Irrungen und Wirrungen der hochsensiblen Woko-Haram-Teilzeit-Lastenrad-Gegenwart", lächelt Mario Pulker, Spartenobmann der Gastronomie.

Er rückt sich sein Monokel zurecht und dreht das Grammophon in seinem Dieselzeppelin leiser. „Was kommt als Nächstes? Eine Lehre für Elektriker?" Er lacht auf. „Der Strom wird sich nicht durchsetzen. Das ist nur eine Eintagsfliege, le jeu n'en vaut pas la chandelle – das Spiel ist die Kerze nicht wert!"

Der erfahrene Wirt und WKO-Funktionär runzelt die Stirn. „Was sollen vegane Köche drei Jahre lang lernen? Ob Speck ein Gewürz ist? Einen Salat kannst nicht panieren, nicht frittieren, den kannst nur wegschmeißen. Da brauch ich keine drei Jahre dafür. Wenn ich vegetarisch essen will, esse ich eine herrliche, regionale Bachforelle aus dem Donaukraftwerk Freudenau."

Er richtet an seine Kritiker mahnende Worte: „Erst wenn der letzte Vollspaltenboden abgeschafft, die letzte Legebatterie leer, das letzte Kalb nach 36 Stunden Todesangst im Lkw geschlachtet ist, werdet ihr merken, dass man für Seitan keine EU-Agrarsubventionen bekommt."

Große Pläne

In drei Jahren werden die ersten fertigen Bachelors of Leberkas Arts in den Arbeitsmarkt eintreten und die heimische Leberkaswirtschaft auf ein neues akademisches Level heben. Für die ehrgeizige Studentin Julia ist das aber nur eine Zwischenstation. Sie träumt bereits vom Doktorrat: „Ich möchte über den Leberkaskrapfen dissertieren – da gibt's in der Forschung noch eine Lücke."

Für Raphael endete der Traum bereits heute. Er wurde beim Versuch, einen Guppy-Fisch aus dem Aquarium in der Kantine zu panieren, von der Polizei festgenommen.

Während sie vor Marxismus-Andi warnt: ÖVP koaliert mit Hitlergruß-Andi

Foto: Bezirksblätter NÖ

Immer wieder stellt die ÖVP klar: Mit extremistischen Ideologien will sie nichts zu tun haben. Mit allen extremistischen Ideologien? Nein. In Oberösterreich, Salzburg und auch Niederösterreich befindet sie sich in einer Koalition mit der FPÖ. Dort, im St. Pöltner Landtag, sitzt für die Blauen auch Andreas „Hitlergruß-Andi" Bors.

TRAISKIRCHEN – Ein Gespenst geht um in Österreich. Das Gespenst des Marxismus – und definitiv nicht das Gespenst des Nationalsozialismus. ÖVP-Politikerin Laura Sachslehner marschiert in schusssicherer Weste an der Seite des Partei-Securitys Karl Mahrer durch das kommunistische Traiskirchen. Hunderte marschieren im Gänsemarsch und Blaumann in Richtung Kohlegrube und singen dabei „Ho, Ho, Ho Chi Minh". Im örtlichen Billa gibt es keine Bananen, nur Zuckerrüben. Wo man hinsieht: Hunger, Leid, Verzweiflung.

Die ÖVP hat Grund zur Sorge, denn der manische Marxist und moderne Rattenfänger von Hameln, Andreas Babler, hat die einst so ruhige niederösterreichische Kleinstadt in einen stalinistischen

Moloch verwandelt. Warum Menschen in Österreich überhaupt für die Ideen des Marxismus empfänglich sind, ist unklar.

Groteske Entwicklung

Denn die Themen Wohnen, Inflation, Energieversorgung und Pflege werden von der Regierung so perfekt abgedeckt, dass es grotesk anmutet, dass sich Menschen nicht mehr für den ungezügelten Neoliberalismus mit Spekulationsgewinnen für Energiekonzerne, explodierende Mieten und Gierflation im Supermarkt begeistern können.

Nicht einmal ein hart ererbtes Milliardenvermögen wie im Falle Mark Mateschitz scheint die österreichische Bevölkerung mehr zu goutieren – obwohl es allen gut geht und nur 1,3 Millionen Menschen armutsgefährdet sind.

Heile Welt

Etwa eine Autostunde entfernt, in St. Pölten, ist die Welt hingegen noch heil. „Heil Hitler", hallt es aus einem Bürofenster der Landesregierung. „Heil Hitler", schreit jemand aus dem Fenster daneben zurück. Ein „Impfen ist Mord"-Bus bleibt an der Haltestelle „Von Bill Gates bezahlte Hausärztin wohnt hier" stehen.

Landeshauptfrau Johanna Mikl-Leitner trifft sich zum Eiernockerl-Frühstück mit ihrem FPÖ-Regierungskollegen Andreas Bors. „Hanni, fang schon mal an mit dem Essen, ich muss noch a paar Fotos löschen. War gestern ein bissl a wilde Feier auf der Bude in Tulln." Mikl-Leitner lacht: „Aber vergiss nicht auf das iCloud-Backup!"

Lichtblick

Während die Entwicklungen in Traiskirchen vielen Menschen Sorge bereiten, gibt es auch einen Lichtblick am österreichischen Politikfirmament: Eine wiedererstarkte FPÖ lädt zu staatstragenden Koalitionen ein, mit denen man den aufkeimenden Kommunismus bekämpfen könne. „Nur vernünftige Kellernazis, stabile Antisemiten und besonnene Reichsbürger ohne jede Tendenz zum Extremismus finden sich in ihren Reihen", bestätigt Mikl-Leitner. In der ÖVP ist man erleichtert über die moderate Alternative in Blau.

„Mit der FPÖ wird man sich noch einig. Wir brauchen ein Bollwerk gegen den Marxismus", erklärt Mikl-Leitner. „Politische Visionen wie Steuergelder für Corona-Leugner, Haftstrafen für Klimaterroristen und das ‚Konzentrieren‘ von flüchtenden Menschen in mit Maschendraht umzäunten Lagern sind die einzig vernünftigen Maßnahmen in Zeiten von Teuerung, Krieg und Klimakrise“, sagt sie und beißt zufrieden in ihr Gabalier-Laberl.

Um Antisemitismusverdacht zu vermeiden: Pisa rückt schiefen Turm gerade

Foto: Kasa Fue, Saffron Blaze (M)

Um 3,5 Grad wird die Karl-Lueger-Statue in Wien nach rechts gekippt, um die antisemitischen Ansichten von Lueger zu thematisieren – ein extrem starkes Zeichen gegen Antisemitismus. Das sorgt für Nervosität im Nachbarland Italien. Um derartigen Vorwürfen präventiv den Wind aus den Segeln zu nehmen, wird dort jetzt der schiefe Turm von Pisa geradegerückt.

PISA – Seit 6:30 Uhr erzittert der Boden rund um den schiefen Turm von Pisa. Dutzende Bagger wühlen sich durch die Erde. Der lehmige Morast unter dem weltbekannten Turm soll stabilisiert werden – bald wird das Bauwerk zum ersten Mal seit 1185 wieder aufrecht stehen.

„Wir können nicht zulassen, dass man davorsteht und denkt: Ist das auch ein Karl-Lueger-Denkmal? Diese Schande könnten wir nicht ertragen. Wir wollen mit Antisemiten überhaupt nichts zu tun haben", seufzt Michele Conti, der erste rechte Bürgermeister von Pisa und tupft sich den Angstschweiß mit einem Bistecca alla fiorentina von der Stirn.

Besorgte Passanten

„Mamma mia! Ich will gar nicht wissen, welche problematischen Ansichten des Architekten diese Neigung kontextualisieren will", ruft Emilia, die aus Mailand angereist ist. „Leider haben auch wir in Italien unsere Luegers. Man kann so was nicht unkommentiert stehen lassen. Aber eine kleine Neigung passt, damit haben wir genug getan gegen Antisemitismus", lächelt sie zufrieden.

„Der Legende nach hat Galileo Galilei hier am Turm antisemitische Rassenexperimente durchgeführt", erklärt ein Guide mehreren japanischen Touristen. Außerdem seien erst kürzlich einige problematische Tweets des Forschers aus dem Jahr 2010 aufgetaucht, weshalb er sich aus der Öffentlichkeit zurückzog. Einige Touristen schütteln den Kopf, sie haben kein Verständnis für die Cancel-Culture.

Zu früh gefreut

In Österreich freut man sich jedoch offenbar zu früh, das Problem der kritisierten Karl-Lueger-Statue endlich gelöst zu haben. Eine Studie zeigt: Mehr als 87 Prozent aller Wiener gehen betrunken durch die Innenstadt. Wenn sie schließlich um 3,5 Grad versetzt über den Gehsteig wanken, schaut für sie die Lueger-Statue erst recht wieder gerade aus.

Trend

Problematische Aufregerstatuen neu umgestalten – ein Trend, der in Österreich Schule macht. Die Che-Guevara-Büste in Wien-Donaustadt soll einen marxistischen „I vote for Andi Babler"-Sticker auf das Auge geklebt bekommen. Die Michael-Jackson-Statue in Mistelbach wird zur Aussöhnung mit den Opfern mitten in die Sandkiste des städtischen Kindergartens gestellt. Und das umstrittene Engelbert-Dollfuß-Relief an der Kirche Graz-St. Peter hängt künftig im Schlafzimmer von Innenminister Gerhard Karner.

Architekt Dr. Andreas Sturm-Eichinger erklärt: „Und die 50 Meter hohe Johanna-Mikl-Leitner-Statue auf einem Kreisverkehr in St. Pölten wird jetzt rund um die Uhr die Position wechseln, um ihre politische Ausrichtung der letzten Jahre zu zeigen. Zuerst neigt sie sich ein bissl christlich-sozial nach links, dann 28 Grad nach rechts, dann 400 Jahre rückwärts, und irgendwann bricht das Rückgrat ab."

5. Juni 2023

Signal an linke Wähler: SPÖ neigt Doskozil 3,5 Grad nach links

Foto: Gilbert Novy / Kurier / picturedesk.com

Schon seit Jahren gibt es Kritik an Hans Peter Doskozil aufgrund seiner problematischen Affinität für rechte Politik. Nun will die SPÖ ein Signal an linke Wähler senden: Der frisch gekürte SPÖ-Chef soll um 3,5 Grad nach links geneigt und mit einer Infotafel versehen werden.

WIEN – Jahrelang herrschte innerhalb der SPÖ Ratlosigkeit über den richtigen Umgang mit Doskozils problematischen Ansichten – bis jetzt. Experten sprechen von einer idealen Lösung in alter sozialdemokratischer Tradition: „Konflikte nicht offen aussprechen, sondern mit Pseudolösungen kaschieren und die Auseinandersetzung vermeiden, damit sie zu einem späteren, extrem ungünstigen Zeitpunkt medial völlig explodiert, dafür steht die SPÖ", lobt Politologe Elias-Marcus Binder.

Nach Doskozils fulminantem Ergebnis von 53 Prozent sollen nun die Gräben zugeschüttet werden. In den kommenden Wochen soll der neue Parteivorsitzende mittels angepassten Schuhwerks um 3,5 Grad nach links geneigt werden; ein Angebot an den linken Flügel der Partei.

Infotafel
Zusätzlich wird unter Doskozil eine Infotafel montiert, die seinen Hang zum Autoritarismus und seine ausländerfeindliche Rhetorik kontextualisiert. Am Sockel der unbeweglichen, schwerfälligen Figur steht künftig für alle zu lesen: „Ja, seine Ansichten haben vielleicht nix mit Sozialdemokratie zu tun und verraten unsere Werte, aber hey, wir wollen auch nach der nächsten Wahl noch Posten zum Verteilen haben." Ein starkes Zeichen gegen Rechts.

„Lieber eine irritierende Neigung, die zum Lesen der Infotafel animiert, als schon wieder den nächsten SPÖ-Chef abschießen und eine Leere in der Löwelstraße herstellen", gesteht SPÖ-Schwergewicht Peter Kaiser ein. „Würden wir in der SPÖ alles abschießen, was nicht unsere Werte teilt, müssten wir die halbe Partei abtragen."

Phase der Heilung
Nach Hunderten Hackeln im Kreuz von Pamela Rendi-Wagner, Dutzenden Querschüssen aus dem Burgenland gegen die eigene Partei und einem mit Silberstein-Methoden geführten innerparteilichen Wahlkampf heißt es für Hans-Peter Doskozil jetzt erstmals in seinem Leben das Verbindende vor das Trennende zu stellen.

Doskozil ist noch nicht in der neuen Rolle angekommen, aus alter Gewohnheit erteilt er sich ständig selbst Ratschläge über die *Kronen Zeitung*, leakt brisante Interna und kritisiert den „planlosen Wasserkopf Wien". Mitarbeiter nahmen ihm alle spitzen Gegenstände ab, damit er nicht seinen eigenen Stuhl umsägt.

„Damit sollten alle Wunden verheilt sein", erklärt der designierte Bundesgeschäftsführer Max Lercher wenig später in einer Aussendung, in der er einen Absatz weiter unten die links-linken

Willkommensklatscher der FPÖ für eine zu lasche Migrationspolitik kritisiert.

Bablers Aufstieg

Der unterlegene Andreas Babler ist laut Doskozil künftig für Höheres bestimmt: „Seinen Erfolg kann ich nicht ignorieren, und ja, ich verrate nicht zu viel, wenn ich sage, dem Andi steht ein steiler Aufstieg bevor. Die SPÖ-Bezirksgruppe Obertauern sucht nämlich einen neuen Kassier, ich wünsche für die neue Herausforderung viel Glück und Berg Heil."

REDAKTION 5. Juni 2023

Die Tagespresse stellt Betrieb ein

DANKE FÜR ALLES!

Eine Ära geht zu Ende! Etwas mehr als zehn Jahre lang durften wir Sie mit unserer seriösen Berichterstattung begleiten. Nun haben wir uns dazu entschlossen, das Projekt einzustellen.

Es gibt Zeiten zum Lachen und Zeiten zum Weinen, und manchmal verschwimmen diese beiden Phasen so sehr, dass man nicht mehr weiß, welche Tränen gerade über die Wangen rinnen. Heute ist ein solcher Tag. Nach einem glorreichen Jahrzehnt voller Schabernack,

Spott und Satire müssen wir von der **TAGESPRESSE** schweren Herzens bekanntgeben: Wir stellen unseren Betrieb ein.

Seit unserer Gründung vor zehn Jahren haben wir es uns zur Aufgabe gemacht, Politik, Gesellschaft und Alltagswahnsinn mit einem Augenzwinkern zu beleuchten und die Absurditäten des Lebens auf humorvolle Art und Weise auszulegen. Mit der Kraft der Satire haben wir versucht, den Mächtigen auf die Füße zu treten, auf Missstände hinzuweisen und immer wieder zum kritischen Nachdenken anzuregen.

Viele unserer Artikel haben die Lachmuskeln unserer treuen Leserschaft strapaziert, manche haben für kontroverse Diskussionen gesorgt und andere wiederum sind vielleicht im Wirbel der Nachrichten untergegangen. Aber das war immer Teil unserer Mission: mit Humor, Einfallsreichtum und einem Hauch von Frechheit die Welt ein kleines Stückchen besser zu machen.

Wir schließen unsere Türen, aber die Erinnerungen und die Spuren, die wir hinterlassen haben, werden bleiben. Vielleicht haben wir den einen oder anderen zum Lachen gebracht, zum Nachdenken angeregt oder ein klein wenig dazu beigetragen, die Welt aus einem anderen Blickwinkel zu sehen.

In diesem Sinne möchten wir uns bei euch bedanken. Für eure Treue, eure Unterstützung und euer Vertrauen. Es war uns eine Ehre und ein Privileg, jeden Tag aufs Neue mit euch zu lachen und zu weinen, die Welt zu hinterfragen und gemeinsam das Leben ein kleines Stückchen absurder zu machen.

Satire mag sterben, aber der Humor lebt weiter. In jedem Witz, in jedem Lächeln, in jedem Augenzwinkern. Und wer weiß, vielleicht trifft man sich ja in einer anderen Ecke des Internets wieder. Denn die Welt da draußen ist immer noch absurd genug für ein paar gute Witze.

Bis dahin: Danke für alles und macht's gut!

Mit einem letzten Augenzwinkern,
Die Redaktion

Stimmen bei Redaktionssitzung vertauscht: *Die Tagespresse* macht doch weiter

STELLUNGNAHME

Aufgrund eines Excel-Fehlers kam es gestern zu einer falschen Auszählung einer redaktionellen Abstimmung. Von zehn anwesenden TAGESPRESSE-Redakteurinnen und -Redakteuren stimmten nicht, wie ursprünglich gedacht, zehn für eine Einstellung des Betriebs, sondern alle zehn für eine Fortsetzung der Arbeit.

Wir bitten die entstandene Verwirrung zu entschuldigen und bedanken uns bei ChatGPT für das Verfassen unseres gestrigen Abschiedstexts, sowie bei ORF-Journalist Martin Thür, der uns auf den Auszählungsfehler hingewiesen hat.

Es ist kein einfacher Tag. Es ist ein Tiefpunkt für die österreichische Satire. Für uns ist das Kapitel „TAGESPRESSE-Aus" damit abgeschlossen.

Damit es in Österreich öfter regnet: Nova Rock dauert künftig den ganzen Sommer

Foto: Florian Wieser / APA / picturedesk.com

Der Sommer 2022 war von einer ungewöhnlich langen Dürreperiode geprägt. Der Klimawandel führt laut Studien zu einer Häufung solcher Wetterkapriolen. Ein neuer Lösungsansatz könnte nun ausreichenden Niederschlag garantieren: Das für Regen bekannte Nova Rock Festival soll künftig den ganzen Sommer andauern.

NICKELSDORF – Schlamm, soweit das Auge reicht. Bademeister überwachen den Moshpit und werfen vereinzelt Rettungsringe in die Menge. Eine Mure verzögert den Auftritt von Bilderbuch, die Band schwimmt unverrichteter Dinge zurück in den Backstage-Bereich. Auch dieses Jahr erweist sich das Festival als lustiger Badespaß.

Mittendrin steht ein Forscherteam der BOKU Wien, das dem Phänomen auf den Grund geht. „Das Abhalten eines Nova Rock Festivals erhöht die Niederschlagsmengen signifikant", erklärt Forscher Thomas Knauer. „Als Grund vermuten wir die massive Feuchtigkeit, die durch den Ausstoß von Urin an den sogenannten Nova Rock

Pissours entsteht", sagt er und zeigt auf Besucher, die gegen fremde Zelte pinkeln.

Der Plan: Ein durchgehendes Nova Rock von Juni bis Ende September, um ausreichen Regen zu garantieren. Slipknot, The Cure, Slayer und Sum 41 haben bereits für tägliche Konzerte zugesagt.

Angst vor grassierendem Alkoholismus unter den Gästen durch wochenlangen täglichen Bierkonsum sei unbegründet. „Es wird medizinisches Personal durchgehend anwesend sein, wie jedes Jahr", sagt Veranstalter Ewald Tatar und verweist auf eine Booking-Anfrage an Die Ärzte.

Regierung zufrieden

Die Regierung zeigt sich mit der nachhaltigen Lösung gegen Wasserknappheit zufrieden. „Gebete, Regentänze, Opferrituale: Wir haben bisher wirklich alles probiert, also alles außer echte Klimapolitik. Es hat irgendwie nix funktioniert", erklärt Umweltministerin Leonore Gewessler gemeinsam mit Kanzler Karl Nehammer.

Aufgrund massiver Überschwemmungsgefahr will die Regierung zumindest vorerst jedoch von einem viermonatigen Schönbrunner Sommernachtskonzert absehen.

Afrika zieht nach

In den trockenen subtropischen Gebieten Afrikas will man sich eine Scheibe von Österreich abschneiden. „Ich freue mich über das erste Nova Rock im Sudan, das uns viel Regen bringen wird!", freut sich der sudanesische Herrscher Abdel Fattah Burhan.

Die Organisation erwies sich für den Sudan als schwierig: „Ein Problem ist natürlich die dramatische sanitäre Lage. Um an das originale Nova Rock heranzukommen, mussten wir viele Toiletten und Duschen abreißen. Außerdem haben wir im Sudan ein Medianalter von 19,7 und eine Lebenserwartung von 65,5 Jahren. Versuch da mal, ein Line-up aufzustellen mit einem Medianalter von 67,3."

„Barbarische Ideologie": Babler kann sich keine Koalition mit christlicher ÖVP vorstellen

Foto: Helmut Graf / Heute / picturedesk.com (M) / Belvedere

Seit Tagen betont die ÖVP, sie könne sich keine Koalition mit Andreas Babler vorstellen. Doch nun geht der neue SPÖ-Chef in die Offensive. Er habe Bedenken, ob eine Partei wie die ÖVP, die sich offen zu den barbarischen Ansichten der katholischen Kirche bekennt, überhaupt regierungsfähig sei.

WIEN – Besorgt blättert Babler durch ein Geschichtsbuch. „Inquisition, Kreuzzüge, der Dreißigjährige Krieg, Unterdrückung von Frauen, Pädophilie … Traurig, dass sich bis heute so viele Menschen mit dieser barbarischen Ideologie identifizieren, die so viele Millionen Opfer gefordert hat", seufzt er. „Lernen die Menschen nie dazu? Wissen sie nicht, wohin das Christentum führt?"

Aktuelle Umfragen zeigen: 22 Prozent würden der ÖVP ihre Stimme geben, obwohl sich die Partei unverhohlen zur christlich-sozialen Ideologie bekennt. Viele hohe Funktionäre geben ganz offen zu, die Bibel gelesen zu haben und sogar nach ihren Grundsätzen zu leben. Der ranghohe ÖVP-Hohepriester Wolfgang Sobotka veranstaltet sogar mitten im Parlament schwarze Messen und Exorzismen, um den Grünen den Teufel auszutreiben.

Zeitzeuge Babler

Babler ist als Niederösterreicher ein gebranntes Kind. Er wuchs mitten im katholischen Terrorregime auf und erlebte als Zeitzeuge die Herrschaft von Erwin Pröll hautnah mit. „Die jungen Leute, die sich heute so fanatisch der JVP anschließen, wissen ja gar nicht mehr, wie das früher war: Sozialraub, Personenkult, Sexismus. Es gab in den Supermärkten nicht einmal Kondome. So was kannten wir nur aus verbotenen Schriften wie dem Falter."

Zurück zur Mitte

Auch Bablers Kollegin Julia Herr fürchtet eine weitere Radikalisierung der ÖVP und mahnt die ehemals bürgerliche Partei zur Vernunft. „Der Weg von Österreich zum Vatikan führt über den Nehammerschen Weg", stellt sie besorgt fest und fordert die atheistischen Kräfte in der ÖVP auf, ihre Partei wieder koalitionsfähig zu machen.

„Eine Familienministerin Claudia Plakolm ist mit uns nicht vorstellbar, sie hat erst gestern wieder getwittert, dass sie Hexenverbrennungen wieder einführen will, für alle Frauen die rote Haare haben oder ein rotes Parteibuch."

Tief verwurzelt

In vielen Schulen in Österreich wird die extremistische Ideologie des Christentums weiter propagiert. In undurchsichtigen Ritualen wie der „Erstkommunion" oder der „Firmung" werden junge Österreicherinnen und Österreicher unter Einbindung radikaler Prediger bereits von Kindesalter an indoktriniert. Noch immer hängen in Schulen und öffentlichen Gebäuden jene extremistischen Symbole, die an dieses finstere Kapitel der Menschheitsgeschichte erinnern.

In Wien, nur wenige Kilometer Luftlinie von der beliebten Che-Guevara-Büste entfernt, befindet sich mit dem „Stephansdom" ein besorgniserregendes Monument der radikalen Bewegung. „Das tägliche Läuten der Kirchenglocken ist eine reine Provokation gegenüber der atheistischen Mehrheitsgesellschaft", erklärt Babler und zeigt auf das Symbol der ÖVP, einen jungen Mann, der brutal an ein Kreuz genagelt wurde. „Mit solchen Irren ist kein Staat zu machen", schüttelt der SPÖ-Chef den Kopf.

Update: Wir haben die FPÖ-Klage beantwortet

Foto: Georges Schneider / picturedesk.com

Wir haben unsere Antwort auf die Klage der FPÖ Niederösterreich eingebracht. In einer Geste der Versöhnung wollen wir der FPÖ dabei helfen, ihre Ehre zu retten. Wird sie unsere ausgestreckte Hand ergreifen?

Doch zuerst etwas in eigener Sache: Seit der Klage haben wir über 600 neue Abonnentinnen und Abonennten dazugewonnen. Ihre Unterstützung ermöglicht es uns, bei diesem Rechtsstreit nicht kampflos alle vier von uns strecken zu müssen wie die Grünen in einer Koalitionsverhandlung. Vielen Dank!

Wir haben nie Förderungen oder Inserate erhalten und sind gänzlich auf Ihre Unterstützung angewiesen. Wir haben auch sehr viel anderweitigen Zuspruch erhalten, sowohl aus der Branche als auch von unserer Leserschaft. Auch dafür wollen wir uns bedanken.

Nun zur Klage. Wir haben uns dazu entschieden, die Vorwürfe der FPÖ in allen Punkten zu bestreiten und uns auf die Freiheit der Kunst zu berufen. Es geht uns dabei nicht um uns. Wir wollen damit ausschließlich der FPÖ helfen, ihre Ehre zu retten.

Wir sind der Meinung, dass Begriffe wie „Andreas-Hofer-Schnitzel" oder „Tofu-Schnitzel von Wienern" wohl kaum einer so ernsten, seriösen Partei wie der FPÖ zuzutrauen sind, die für sehr vernünftige Wortmeldungen bekannt ist. Dass die FPÖ die Entsendung von Schergen, die angeblich die Speisekarten der Gasthäuser auf Patriotismus prüfen sollten, überhaupt anordnen könnte – dieser Gedanke ist doch jedem vernünftigen Menschen fremd.

Die FPÖ sieht das allerdings anders und argumentiert wortreich, dass solche Ideen durchaus von ihr stammen könnten. Der Verlauf des Prozesses wird sich also an dieser wesentlichen Frage entscheiden: Ist der Inhalt des Briefs als Satire erkennbar?

Beurteilt das Gericht den Brief als offensichtlichen Scherz, wird es alle Forderungen der FPÖ höchstwahrscheinlich zurückweisen.

Entscheidet das Gericht allerdings, die Täuschung sei nicht erkennbar gewesen, haben wir erstmals schwarz auf weiß gerichtlich bestätigt, dass der FPÖ die verpflichtende Umbenennung von Steak auf „mittelrohe Fleischschnitte" oder die Einführung einer Panierquote sowie eines patriotischen „Gabalier-Laberls" durchaus zuzutrauen ist.

In diesem Fall stellt sich die Frage, in wie vielen Punkten die FPÖ recht bekommt. Drei Vorwürfe bringt die Partei in der Klage vor:

1) **Eingriff ins Namensrecht:** Sollte die FPÖ recht bekommen, werden wir das übrig gebliebene Briefpapier einer sachgerechten Wiederverwertung als Klopapier zuführen.

2) **Kreditschädigung:** Um Kreditwürde zu schädigen, müsste Kreditwürde vorhanden sein. Und wenn die FPÖ argumentiert, der Inhalt des Briefs könnte von ihr stammen, haben wir ja eigentlich streng genommen für sie geworben. Honorarnote ist unterwegs!

3) **Unlauterer Wettbewerb:** Ein aufschlussreicher Vorwurf, wir wussten nicht, dass uns die FPÖ als Konkurrenten betrachtet. Handelt es sich bei der FPÖ also doch um eine Satirepartei?

Zumindest ihr Verhalten der letzten Tage verdient das Prädikat „Satire". Da behauptete die FPÖ, es ginge in der Klage gegen uns um Urkundenfälschung. Offenbar haben die Blauen aber wieder blau gemacht und vergessen, dies ihrem Anwalt mitzuteilen. Denn dieser Vorwurf wurde weder in der Klage ausgesprochen noch bei der Staatsanwaltschaft angezeigt.

Darum, liebe FPÖ, eine kurze Nachhilfestunde: Ein Satire-Brief an Wirte ist keine Urkunde. Wisst ihr, was eine Urkunde ist? Schriftstücke mit rechtlicher Wirkung. Zum Beispiel eine Wahlliste, die eure Leute gern einmal illegal adaptieren. Oder ein Corona-Testzertifikat, wie es eure Funktionäre vorzugsweise in gefälschter Ausgabe verwenden. Alles klar? Gut!

Wir wollten diese Verunglimpfung unseres tadellosen Namens sogleich unserem Anwalt weitergeben für eine saftige, schnalzende Slappklage, sodass sich Waldhäusl in seinem Waldhäusl von oben bis unten anhäuslt. Aber dann ist uns eingefallen: Moment! Wir sind ja keine weinerlichen Mimosen, die sich ängstlich hinter ihren Anwälten verstecken.

Wir bleiben unbeugsam und geben nicht nach. Denn wir können nur gewinnen.

Entweder das Gericht gibt uns Recht und weist die Klage ab. Oder aber es bestätigt, dass die FPÖ mittlerweile so lächerlich ist, dass man ihr einen solchen Brief durchaus zutrauen kann. Das wäre dann zwar ein teurer Sieg, aber wir finden, eine solche gerichtliche Erkenntnis, schwarz auf weiß, für zukünftige Generationen in den Archiven der Justiz verewigt, ist nicht mit Geld aufzuwiegen.

Vielen Dank für eure Treue und den Zuspruch. Wir haben dieses Projekt damals mit 0 Followern und 0 Euro am Konto begonnen. Notfalls führen wir es irgendwann auch wieder mit 0 Euro fort. Wenn die FPÖ eines perfekt beherrscht, dann der hart arbeitenden Bevölkerung das Geld aus der Tasche zu ziehen, für Luxusshopping auszugeben und sich dabei als Anti-System-Partei darzustellen.

Man kann uns vielleicht das Geld vom Konto schnappen, aber Sie, unsere Leserinnen und Leser, kann uns niemand mehr nehmen.

Sie sind gegen uns, weil wir für euch sind!

DiE**TAGESPRESSE** Redaktion

„Pride-Propaganda": Kickl gibt queeren Rasensprenger beim Obi zurück

Foto: Wikimedia / C.Stadler/Bwag

Einfach ärgerlich! Nur wenige Tage nach dem Kauf musste FPÖ-Chef Herbert Kickl einen Produktionsfehler bei seinem Rasensprenger feststellen. Das Gerät projizierte nicht-jugendfreie LGBTQIA-Propaganda mitten in seinen Garten. Kickl brachte das offenbar queere Gerät prompt zurück ins Geschäft.

PURKERSDORF/WIEN – Der FPÖ-Chef biegt mit quietschenden Reifen auf dem Obi-Parkplatz ein, sein rechtes Auge zuckt. Im Kofferraum liegt der Rasensprenger, der ihm die Woche versaut hat. Kickl hat ihn sicherheitshalber in Luftpolsterfolie, Alufolie und eine Russland-Fahne gewickelt. „Damit er mich auf dem Weg nicht heimlich schwul machen kann", erklärt er.

Ein Glücksbringer mit einem Bild von Jörg Haider baumelt neben einem Wunderbaum mit dem Duft „Zirbe-Zyankali" vom Rückspiegel. „Zum Glück muss der Jörgl das nicht mehr mitansehen." Kickl bekreuzigt sich. „Bei ihm und seiner Buberlpartie wär ich nach so einem Zwischenfall früher unten durch gewesen."

Starkes Zeichen

Als Kickl den Baumarkt betritt, passiert das nächste Unglück. Er stolpert in der Lackabteilung in ein Regal, mehrere Dosen fallen herunter und übergießen ihn mit allen Farben des Regenbogens. „Starkes Zeichen von eurer Partei, Rest in Peace, Jörgl", brüllt ihm ein 50-jähriger Mann im Camp-David-Shirt zu. Kickl kratzt sich die Farben schnell mit einer Spachtel von den Wangen. Jetzt zuckt auch sein linkes Auge.

Auf der Suche nach einem Baumarkt-Mitarbeiter wirbt Kickl für seine Gegenveranstaltung und verteilt dazu Flyer, auf denen er nackt auf einem Pony sitzt: „Die Ride Parade", lächelt er. Mehrere Kundinnen und Kunden drehen sich verstört weg.

Beschwerde

Nach 167 Minuten findet Kickl schließlich einen Mitarbeiter. „Dieser entartete Rasensprenger funktioniert nicht! Er erzeugt Homopropaganda. Darf man zu dem überhaupt ‚er' sagen, oder san das wieder die falschen Pronomen, kommt dann die Woko Haram?", schnauft Kickl und legt das Gerät auf den Tresen.

Der Baumarktverkäufer schaut ihn lethargisch an und kaut auf seinem Kaugummi. „Also Sie san der Erste, bei dem er schwul geworden ist."

Kickl bellt angriffslustig. „Wissen Sie überhaupt, wer ich bin? Ich bin der Vokaki, Volkskanzler Kickl! Sie tauschen den widerlichen Wassersprenger des windelweichen, westlichen Wokismus jetzt schleunigst um, sonst lass ich Sie abführen, Sie gottloser, geistig zurückgebliebener Globohomopropagandist aus der Gartenabteilung."

Eklat

Um sich wieder männlich zu fühlen, erwirbt Kickl schnell drei Weber-Kugelgrills und vier Motorsägen. Doch ganz geht sein maskuliner Plan nicht auf. Eine Baumarkt-Mitarbeiterin schnappt Kickl am Weg zur Kassa einfach am Kopf und stellt ihn zurück in die Gartenzwerg-Abteilung, aus der er 1995 entkommen ist, um für die FPÖ zu arbeiten.

Eigene Safer-Sex-Kampagne: FPÖ präsentiert modische Kappe, die zu 100 Prozent schützt

Foto: Nagl Dieter / picturedesk.com

Die FPÖ zeigt Gesundheitsminister Johannes Rauch wegen seiner Safer-Sex-Kampagne an und sieht einen Verstoß gegen das Pornografie-Gesetz. Um zu beweisen, dass es auch anders geht, präsentiert Parteichef Herbert Kickl zeitgleich seine eigene Kampagne für mehr Sicherheit beim Sex: Beworben wird eine modische Kappe, die 100-prozentigen Schutz vor Geschlechtsverkehr bietet.

WIEN – Nicht einmal zwei Sekunden, dann ist es schon geschafft. Jus-Student und Burschenschafter Siegfried (24) setzt sich seinen Deckel auf und zeigt mit seinem Daumen nach oben. Sofort weichen ihm alle Frauen großräumig aus, einige stürzen sich freiwillig aus dem Juridicum auf die Straße, um nicht mit Siegfried in Berührung zu kommen. „Ich brauch die alle eh nicht, ich hab doch Frau Mutter", lächelt Siegfried zufrieden.

Er ist eines der Gesichter der neuen Safer-Sex-Kampagne der FPÖ. Studien der Johann-Gudenus-Universität Minsk belegen die eindrucksvolle Wirkung: Frauen halten durchschnittlich vier Meter Abstand von Männern, die sich mit dem Deckel schützen. Auch gefährliche Berührungen wie ein Händeschütteln, das bei vielen Burschenschaften bereits zur frühzeitigen Ejakulation führen kann, werden unterbunden.

Leider hat sich Siegfried beim Teilen eines Ziehröhrchens auf der Bude trotzdem mit Herpes und einer milden Syphilis infiziert – ein kleiner Wermutstropfen.

Das Besondere an der Kappe: Während Kondome nur einmal getragen werden sollten, können die Kappen jahrelang am Kopf bleiben. Werden sie in dieser Zeit nicht gereinigt, bildet die Kappe eine natürliche Patina aus Hautschuppen, Blut, Fett und Haargel, wodurch sich ihre Wirkung sogar noch verstärkt.

Verhütungsvorbild Kickl

Parteichef Herbert Kickl gehört bekanntlich keiner Burschenschaft an. „Ich hab so eine Kappe nie gebraucht, um erfolgreich zu verhüten. Ich weiß gar nicht warum." Einmal war es aber ganz knapp. „1989 ist eine Philosophiestudentin aus Paris im Arkadenhof ausgerutscht und hat sich an meiner Hand festgehalten", erinnert sich Kickl schaudernd an die erste Erektion seines Lebens. Die kurz aufblitzende Lebensfreude hat ihn schwer traumatisiert.

Während Kickl offenbar ein menschgewordenes Verhütungsmittel ist, minimieren die Burschenschafter ihr Risiko zusätzlich, in dem sie gegenseitig ihre Gesichter entstellen, das weibliche Geschlecht als minderwertig betrachten und ihre Freizeit meist unter sich in ihren bunt bemalten Männerbuden verbringen, in denen sie über ihre Hobbys – Fechten, Inzest und Holocaust – singen.

Verschiedene Sorten

Um junge Männer wie Siegfried anzusprechen, werden die Kappen von der FPÖ in verschiedenen Sorten angeboten: Von „Olympia Natural Incel" über „Teutonia Fun Implosion" hin zu „Vandalia Gefühlsecht" ist für jeden etwas dabei.

Die WHO überlegt, das vielversprechende Verhüterli mit einem ungeschlagenen Pearl-Index von 0/100 auf dem Weltmarkt zu etablieren. Ähnliche Versuche gab es bereits mit den sogenannten „Make Austria Grosz Again"-Kappen, die im letzten Jahr einer Tripper-Pandemie in den Niederlanden Einhalt gebieten konnten.

Spalten in Excel vertauscht: Wien eigentlich am wenigsten lebenswerte Stadt der Welt

Foto: Die Tagespresse

Nur Stunden nach der neuerlichen Kür Wiens zur lebenswertesten Stadt der Welt folgt die Überraschung: Das Magazin *Economist* räumte bei einer Pressekonferenz einen Fehler bei der Auszählung ein. Die Stimmen wurden falsch zugeordnet: Wien ist tatsächlich die am wenigsten lebenswerte Stadt der Welt.

LONDON/WIEN – „Fockin hell, mate", schreit eine *Economist*-Mitarbeiterin und dreht den Bildschirm mit dem Excel-Sheet „Fockin-MintCitiesMate_2023.xlsx" zu ihrem Kollegen. „Bloody hell, mate … fock off", staunt der. Die beiden sehen sich ungläubig an, dann sprinten sie in ihren Savile-Row-Maßanzügen Richtung Chefredaktion.

Im gesamten *Economist*-Büro herrscht Aufregung. Beim Ranking der lebenswertesten Städte der Welt ist es offenbar zu einem folgenschweren Excel-Fehler gekommen. „Wir haben alles geprüft, Wien war jahrelang die am wenigsten lebenswerte Stadt der Welt. How do you say in Viennese? Geht's scheißn", so der *Economist*-Journalist Philipp Gesselbauer, während er an seinem Earl Grey nippt.

Michaela Grubesa, seit zwei Wochen Leiterin der Datenjournalismus-Abteilung im renommierten Magazin, räumte den Fehler schließlich in einer Pressekonferenz ein.

Fallstrick Hundstrümmerl
Die Wahrheit: Während Wien in den Kategorien Infrastruktur und Kulturangebot passable Wertungen erzielt, ziehen die Kategorien „Bewohner" und „Hundstrümmerl mitten am Gehsteig" das Ergebnis stark nach unten. Auch konnten die sieben neu gepflanzten Bäume gegen die Hitze sowie der großzügige 20-Zentimeter-Radstreifen an der Südosttangente das Ergebnis „nicht signifikant verbessern", heißt es.

Trends aus Kopenhagen oder Berlin kommen in Wien verlässlich erst 25 Jahre später an, wunderschöne Altbauten werden abgerissen und durch grotesk hässliche Anlegerwohnungen für Zahnärzte ersetzt, jeder Zentimeter der Stadt wird asphaltiert, der Kaffee in den Cafés ist meist ungenießbar, Antisemiten haben eigene Denkmäler, der gesamte siebte Bezirk gehört Hank Ge, die Sachertorte ist in Wahrheit nur ein mit Marmelade gefüllter, sehr trockener Brownie, und es gibt den Matzleinsdorfer Platz und Herbert Kickl, den Matzleinsdorfer Platz unter den Menschen.

„Nur das Wiener Schnitzel konnte im Test überzeugen", erklärt der *Economist*, weshalb Mailand in der Kategorie Kulinarik Bestnoten erhielt.

Kabul prescht vor
Außerdem ist man nicht nur auf, sondern auch neben den Gehsteigen auf riesige Hundstrümmerl gestoßen, die sich als Buden von Burschenschaften herausgestellt haben. Daher rangiert Kabul in Afghanistan heuer ebenfalls vor Wien – sogar dort werden Rechtsextreme mittlerweile verhaftet. „Der Rechtsstaat ist dort deutlich weiterentwickelt."

Der Titel der lebenswertesten Stadt geht an den eigentlich Letztplatzierten: Lagos in Nigeria. „Ganzjährig warmes Klima, Meerzugang, herzliche Menschen, billiges Benzin", lobt der *Economist*. Außerdem fahren die Straßenbahnen in Lagos alle 30 Minuten, und nicht wie in Wien nur alle 40.

Um Gräben zuzuschütten: Prigoschin und Putin sind heute live bei Fellner

Foto: oe24 Screenshot (M)

Einst waren sie beste Freunde, heute scheinen die Gräben zwischen ihnen unüberwindbar. Nun wollen Wladimir Putin und Jewgeni Prigoschin einen Neuanfang wagen und ihre Differenzen beilegen. Bei Wolfgang Fellner live auf oe24.tv. Freuen Sie sich auf das ultimative Duell!

WIEN – Er gilt als gefürchtet, seine Methoden sind kriminell und absolut unmoralisch, seine Gegner zertrümmert er brutal, der Internationale Gerichtshof in Den Haag ermittelt gegen ihn. Gesetze scheinen für ihn nicht zu gelten, gelegentlich versucht er sogar, eine Regierung zu stürzen: Nicht zu unrecht gilt oe24-Herausgeber Wolfgang Fellner als Todessöldner der österreichischen Medienlandschaft.

„Sodalla ihr Haftlmacher, heute kommt die Wahrheit ans Tageslicht, heute heißt's Beidl auf den Tisch für den Bladi und den schirchen Jewgeni, i man, der Hund schaut aus, bist du, dagegen bin ja sogar ich ein Georges Clooneys", lacht Fellner. „Jedenfalls, heute, ultimativer Schwanzvergleich in meinem supergeilen Studio", freut sich der Chefredakteur auf seine Talk-Gäste.

Nervösität

Prigoschin ist vor dem Interview mit dem Medienmogul Fellner sichtlich nervös: „Blyat! Ein falsches Wort und dieser Psycho schlägt mir mit dem verbalen Vorschlaghammer den Schädel ein. Ich wünschte, ich wäre jetzt an einem friedlicheren Ort als in diesem Studio, zum Beispiel in Bakhmut."

Er lugt durch den Vorhang ins Studio hinein, wo Mitarbeiter gerade das Blut vom gestrigen Duell „Stefan Petzner vs. Stefan Petzners zweite wirre Persönlichkeit" wegwischen.

Dann taucht Fellner auf. Er versucht, mit Smalltalk Prigoschin die Nervosität zu nehmen: „Seas du russischer Ohrwaschlkaktus. Alles fit im Schritt? Bei mir ned, ich sag nur Ziegenchlamydien, aber Wurscht. Du, Folgendes: Wir zwei san uns gar ned so unähnlich. Du rekrutierst deine Mitarbeiter aus Straflagern und Psychiatrien, ich aus dem Publizistik-Institut der Uni Wien. Die glauben auch an nix mehr. Die wurden komplett gebrochen. Die wollen nicht mal Geld, nur ihre Freiheit nach sechs Monaten Praktikum."

Auch eine Person, die so aussieht wie Wladimir Putin, ist bereits eingetroffen. Kreml-Insidern zufolge ist ein Auftritt im Fellner-Studio für den echten Putin viel zu gefährlich, sogar für Putin-Doppelgänger, weshalb der Doppelgänger einen Doppelgänger geschickt hat.

Weitere Pläne

Sollten der Putin-Doppelgänger und Prigoschin die Diskussion mit Fellner überleben, planen sie weitere Medienauftritte in Österreich. „Ich besuche einen anderen Putin-Doppelgänger", erklärt der Darsteller des russischen Präsidenten. „Der arbeitet in Fuschl am See als Fernsehmoderator für eine Zuckerkracherl-Firma."

Prigoschin plant ebenfalls eine Visite bei seinem eigenen Doppelgänger: „Ich fahr noch kurz in die *Exxpress*-Redaktion zu Richard Schmitt. Leider ist er ein sehr unglaubwürdiger Doppelgänger, also äußerlich passt es perfekt, aber von der Art her ist er irgendwie zu fanatisch."

Österreichische Lösung: Digitaler Euro wird nur ausgedruckt akzeptiert

Foto: Youtube

Die EZB arbeitet fieberhaft an einem digitalen Euro, der die gemeinsame Währung ins 21. Jahrhundert holen soll. Auch die Alpenrepublik zieht mit, allerdings mit einem österreichischen Sonderweg: Der digitale Euro wird laut Finanzministerium auch hierzulande akzeptiert, solange er vorher ausgedruckt wird.

BRÜSSEL/WIEN – „Digiwas? Hamma ned, geht ned, gibt's ned, schleichen Sie sich, es ist 10 Uhr, da ist Mittagspause, Sie halten sich jetzt illegal im Gebäude auf", erklärt eine Mitarbeiterin des Magistrats im fünften Wiener Gemeindebezirk, während ein Klient einen biometrischen Reisepass beantragen will. „Zeichnen Sie mir Ihr Gfries da auf den Wisch und ich hau einen Stempel drauf auf Ihr elendiges Watschngsicht."

Zukunftsfit

Doch die Welt ist im Wandel. Auch hierzulande müssen die Behörden mit der Zeit gehen. „Das von der magischen Kraft des Stroms getriebene Internetz könnt sich vielleicht doch noch durchsetzen. Es ist fünf vor zwölf! Sie wissen, was das heißt", erklärt Daniel Wallner, Innovationsbeauftragter im Finanzamt, verweist auf seine Taschenuhr und verabschiedet sich in die Mittagspause.

„Der digitale Euro kommt, aber gedruckt", bestätigt Finanzminister Magnus Brunner. Zu beachten sei die gesetzliche Formatvorgabe: A4 polychromatisch, Schrift 12pt Comic Sans, 35 Millimeter Ränder, außer an ungeraden Tagen, hier ist nicht nur, aber auch ausschließlich 37 Millimeter zulässig bei Niederschlag über 10 Millimeter pro Quadratmeter im Ermessen der zuständigen Bezirkshauptmannschaft.

Bis 2040 soll auch eine Zahlung per Fax möglich sein. Außerdem ist digitales Kleingeld geplant. Dieses muss lediglich in DIN A5 ausgedruckt werden. Der Finanzminister mahnt allerdings zur Ehrlichkeit und bittet alle Bürgerinnen und Bürger, nicht mehr digitale Euros auszudrucken, als man tatsächlich besitzt.

Sicherheit erhöht

Um Fälschungen zu erschweren, muss zu jedem ausgedruckten digitalen Euro ein weiteres, ebenfalls ausgedrucktes Zertifikat mitgeführt werden. Wird im Geschäft damit bezahlt, ist außerdem der Reisepass vorzuzeigen, während man sich gleichzeitig am Mobiltelefon per Handysignatur in eine App einloggt (Achtung: App nur Montag bis Donnerstag von 8 Uhr bis 12 Uhr geöffnet).

Ein Meldezettel kann postalisch nachgereicht werden, jedoch innerhalb von maximal drei Tagen, ansonsten droht eine Beugestrafe. Nachdem der Euro ausgegeben wurde, muss das Zertifikat für 20 Jahre aufgehoben und stets mitgeführt werden – ansonsten macht man sich strafbar. Ein geniales System.

Politik zufrieden

Die Politik ist zufrieden. „Alles, was die Bürokratie erhöht, erhöht auch den Bedarf an Bürokraten, denen wir dann deppensichere Versorgungsjobs zuschanzen können. Ich hab da einen Freund von mir, den Gernot, der kann dann die Nuller bei den Euros zählen zum Beispiel", erklärt Bundeskanzler Karl Nehammer. SPÖ-Chef Andreas Babler hat jedoch seine Zweifel. „Der digitale Euro ist das aggressivste Zahlungsmittel aller Zeiten. Wer versichert mir, dass ich mich daran nicht elektrisiere?"

Die FPÖ will den digitalen Euro um jeden Preis verhindern. „Das wäre unser Untergang, also nicht der von Österreich, aber der von unserer Partei", erklärt der Wiener Parteichef Dominik Nepp. „Wie sollen wir so digitale Euros bitte in Sporttaschen stecken?"

Gegen Queer-Verdacht: Udo Landbauer schreibt Pronomen in E-Mail-Signatur

Foto: Die Tagespresse

Landeshauptfrau-Stellvertreter: Diese Jobbezeichnung sorgt regelmäßig für Verwirrung. Um schmerzvolle Erfahrungen zu vermeiden und anderen Menschen zu helfen, ihn richtig anzusprechen, führt Udo Landbauer fortan seine Pronomen in seiner E-Mail-Signatur.

ST. PÖLTEN – Landbauer sitzt vor seinem Laptop und überlegt lange – dann tippt er in die Tastatur: „he/il/him". Zufrieden speichert er seine E-Mail-Signatur ab. „Jetzt wird niemand mehr glauben, dass ich das F-Wort bin", lächelt er. Flüsternd klärt er auf: „F-Wort steht für – Frau. Auch wenn ich jeden Monat ein paar Tage blute – aus meiner Wange –, ich will mit diesem niederen Geschlecht nichts zu tun haben."

Der Freiheitliche selbst kennt sogenannte „Frauen" eher vom Hörensagen. „Aus Sicherheitsgründen, und um mich nicht mit Weiblichkeit anzustecken, bleibe ich lieber in meinen Safe Spaces wie zum Beispiel in Burschenschaften. Da gibt es kein F-Wort und ich bin den ganzen Tag nur von Beidln umgeben."

Fehlende Toleranz

Die Gesellschaft sei immer noch rückständig. „Die Menschen urteilen heute schnell und ziehen Rückschlüsse auf mein Geschlecht rein auf Basis von Äußerlichkeiten wie dem Berufstitel", schüttelt Landbauer den Kopf. Die Pronomen seien keine „Vorgabe", sondern sollen seinen Mitmenschen dabei helfen, ihn nicht zu verletzen. „Wir brauchen hier mehr Toleranz und müssen alle dazulernen."

Unsichtbar gemacht

Immer wieder trifft er auf Menschen, die darauf beharren, ihn als „Landeshauptfrau-Stellvertreter" anzusprechen. „Sie meinen, das wäre leichter leserlich, und Männer seien ja ohnehin mitgemeint …" Seine Stimme stockt, seine Augen werden feucht. Es sind die Tränen eines Mannes, der sich unsichtbar in der Gesellschaft fühlt.

Um „Landeshauptmann-Stellvertreter" zu werden, wird nun auch Landeshauptfrau Johanna Mikl-Leitner verändert. „Wir werden sie umoperieren zum Mann", erklärt Landbauer und gibt Starchirurg Arthur Worseg Anweisungen. „Zum Hansi-Michl Leitner. Er hat nix dagegen, weil in die Regierungsvereinbarung hat er nur ‚no limits' geschrieben, Hauptsache er bleibt an der Macht." Eine pragmatische Lösung.

Auch sein Wiener Kollege Dominik Nepp zieht nach. Um Gerüchte zu widerlegen, er sei ein Politiker, änderte er seine Twitter-Bio auf „Dominik/nepp/depp". Sogar Gottfried Waldhäusl gibt seine Pronomen („sch/eiß/häusl") neuerdings in seiner E-Mail-Signatur an.

Mehr Sensibilität

Landbauer selbst will in Zukunft noch sensibler agieren. Jeden Dienstag wird er sich freinehmen, da er nicht mit dem Begriff „Die" in Verbindung gebracht werden will. Die oberösterreichische Gemeinde Weibern im Hausruckviertel wird bei der FPÖ-Wahlkampftour 2024 ausgespart. Außerdem verlässt Landbauer noch diese Woche seine Partnerin, um einen Mann zu heiraten.

ÖVP gibt Entwarnung: Schwer bewaffnete Neonazis offenbar keine Marxisten

Foto: BMI

Maschinenpistolen, Granaten, panzerbrechende Waffen, NS-Devotionalien: Ein spektakulärer Waffenfund im Zuge einer Razzia in Oberösterreich sorgt für Besorgnis. Doch nun geben Bundeskanzler Karl Nehammer und seine ÖVP Entwarnung. Nach derzeitigem Ermittlungsstand ist davon auszugehen, dass es sich bei den Tätern nicht um Marxisten handelt.

WIEN – Um Punkt 10 Uhr präsentiert die Polizei die sichergestellte Waffensammlung. DSN-Chef Omar Haijawi-Pirchner zeigt Journalisten ein Maschinengewehr. Wer will, darf damit sogar kurz aus dem Fenster schießen.

Der Zugriff verlief demnach professionell und ohne Zwischenfälle. Die „SOKO DONAU-ALPEN-INFO" kannte die Räumlichkeiten bereits in- und auswendig, die Beamten mussten nicht einmal hinfahren, sondern befanden sich zufällig im Rahmen einer Feier am Vorabend schon dort. Schon seit Jahren stand die Gruppe unter Beobachtung, die Polizisten konnten sich mit den Nazi-Bandenmitgliedern anfreunden, teilweise sogar einheiraten und Familien gründen.

Lausbubenstreiche

Vor Gericht müssen die rechtsradikalen Rocker offenbar nicht viel befürchten. „Also das mit den Waffen und den Kreuzerl mit den Haken dran, ich sag einmal: Wer ohne Jugendsünde ist, der werfe die erste Handgranate", erklärt Bundeskanzler Karl Nehammer. „Aber bei dem Johnny, der mit der coolen Lederjacke, da war das Pickerl abgelaufen. Da wird's a Verwaltungsstrafe hageln, die sich gewaschen hat."

Innenminister Gerhard Karner mahnt die Medien zur Besonnenheit: „Man sollte da jetzt nicht die Täter ins rechte Eck stellen, nur weil sie Hakenkreuzfahnen hatten." Auch Kanzler Nehammer nickt: „Noch sind die Ermittlungen außerdem nicht abgeschlossen, vielleicht waren es ja auch einfach nur sehr besorgte Jäger, die Fasane sind heuer extrem rabiat, oft nur noch mit Panzerfäusten zu bändigen."

Eine sehr gute Nachricht gebe es aber: „Bis jetzt haben wir keine Hinweise auf marxistische Umtriebe. Und das ist das Wichtigste."

Erleichterung

Experten zeigen sich erleichtert über die Vereitelung eines möglichen rechtsextremen Putsches. „Die Folgen wären verheerend gewesen", erklärt Historiker Florian Kaltenbrunner. „Man stelle sich vor, Rechtsextreme in einer Landesregierung, im Parlament oder gar im Innenministerium. Männer, die Hitlergruß machen in politischen Funktionen. Männer, die in einem Lied sieben Millionen getötete Juden fordern, als Landesräte. So etwas wäre doch unvorstellbar, oder?"

Auch medial scheint sich die Aufregung inzwischen gelegt zu haben. Die kleine Meldung über den Fund Hunderter Waffen bei Nazis wurde auf den Webseiten von *oe24* und *Krone* inzwischen längst von Wichtigerem verdrängt.

„Ein Leserreporter aus dem Gänsehäufel hat uns ein Foto geschickt: ein türkisches Kind mit einer Super-Soaker", seufzt ein *Krone*-Redakteur. Auch Wolfgang Fellner nickt: „Da machma 48-seitige Sonderausgabe – Islamterror erreicht Österreich. Da krieg ich sofort a Gänsehaut in der Unterhosn, ja? Ja?"

Planquadrat in Spielberg: Polizei nimmt 20 Rasern ihr Fahrzeug weg

Foto: Erwin Scheriau / APA / picturedesk.com (M)

Aktion scharf gegen Raser: Bei einem Planquadrat im steirischen Spielberg gingen der Polizei heute nicht weniger als 20 Verkehrsrowdys ins Netz. Sie verlieren nun im Rahmen der jüngsten Verschärfung ihr Auto und müssen sich auf saftige Strafen inklusive Nachschulung einstellen.

SPIELBERG – „Grüß Gott, na, hamma's eilig? Führerschein, Zulassung, Pannendreieck, aber dalli", bellt Revierinspektor Andreas Brixel. Der Fahrer holt verdutzt seinen Führerschein aus seinem Rennanzug. „Sie wissen, warum ich Sie aufgehalten habe, Herr Verstappen? 363 Kilometer pro Stunde. Im Ortsgebiet. A wengal zu vü, oder? Der Schein gehört glei amoi mir, und des Auto a. Bushaltestelle is da drüben!"

Der Holländer darf noch seine persönlichen Gegenstände – einen Vanille-Duftbaum und zwei alte selbstgebrannte Blink-182-CDs – aus dem Auto entfernen. Dann wird der Wagen auf einen Abschlepplaster gehoben.

„Ui ui ui, Sie san aba ka Hiesiger. Aussteigen, Freund der Berge", seufzt eine Kollegin und bittet Lewis Hamilton aus seinem Wagen.

„Und wo is das Pannendreieck? Where the pain triangle? Nummern-schild, number turtle? Du nix verstehen Germany? Erste-Hilfe-Koffer? First Helping Fool?" Dem Fahrer wird nicht nur der Wagen abgenommen – auch Führerschein und Reisepass sind weg. Ein harter Schlag für das Ego des jungen Mannes.

Sonst geht es in Spielberg beschaulich zu, doch heute sind für die Polizei alle Hände voll zu tun. „Des muss die Hitze sein. So viele aggressive Drängler, riskante Überholmanöver, volles Programm, es wird immer schlimmer. Manche müssen sogar zwischendurch die Reifen wechseln, weil sie wie die Narrischen herumheizen."

Jugendlicher Leichtsinn

Die Raser sind jung, die Autos getunt, der jugendliche Leichtsinn steht ihnen ins Gesicht geschrieben. „Oder vielleicht pickt da wo ein Klimaterrorist und sie fahren deshalb so schnell, damit's in die Hackn kumman? Oba wo soll da a Büro sein? Die fahren immer nur im Kreis. Wieso fahren die im Kreis? Was ist ein Kreis? Wer und wieso bin ich? I glaub, wir brauchen a SOKO, so viele Fragen."

Augenzeugen verstehen die Raser vor Ort nicht. „Wie kann man so deppert sein? Ich selbst bin oft hier gefahren, auf der gleichen Strecke, aber nie mehr als einen 50er, und überholen wäre mir ned in den Sinn gekommen", erklärt der ehemalige österreichische Formel-1-Fahrer Alexander Wurz.

Langer Weg zurück

Klimaministerin Leonore Gewessler zeigt sich zufrieden: „Die Polizei muss für Verkehrssicherheit sorgen. Jetzt steht einem erfolgreichen Formel-1-Wochenende nichts mehr im Wege."

Die beschlagnahmten Autos werden versteigert, die jungen Männer müssen zur psychologischen Nachschulung und zum Fahrsicherheitstraining. In Gruppensitzungen können sie ihre Veranlagung zum Rasen reflektieren und überwinden. Der Weg zurück zum Führerschein wird ein langer. Einige von ihnen werden ihn nicht schaffen, andere könnten sich irgendwann souverän und sicher im Straßenverkehr bewegen – ganz ohne Bleifuß.

Um österreichische Touristen zu vertreiben: Lignano führt Veggieday ein

Foto: Depositphotos (M)

Sie saufen, sie grölen, sie urinieren gegen Häuser. Jahr für Jahr sorgen Krawall-Touristen aus Österreich für Ärger im italienischen Urlaubsort Lignano. Jetzt reagiert die Stadt: Um Österreicher fernzuhalten, gibt es in allen Restaurants nun wöchentlich einen Veggieday.

LIGNANO – Vor dem Aquasplash Wasserpark bildet sich ein wütender Mob aus österreichischen Touristen. „Veggieday" steht auf einem Schild. „Des konn's oba ned sei", beschwert sich Harald Kriener aus Steyr, der mit seinen Freunden aus der HTL angereist ist, um sich im Urlaub zu entspannen, in dem er mit drei Promille auf eine Wasserrutsche speibt und danach dem Bademeister mehrere Schneidezähne ausschlägt.

Doch die wohlverdienten Ferien drohen zum Alptraum zu werden – in ganz Lignano gibt es heute kein Fleisch.

Ein Wiener Familienvater rüttelt am Zaun eines Restaurants. „I wü mei Schnitzerl oda zumindest a Scholle, gebacken, ned Natur! Du panierst mir jetzt sofort was außa, hamma uns? Außebochn, sonst panier i da ane!"

„Stronzi, vaffanculo"

Kriener kommt ihm mit seinen bereits stark wankenden Freunden
zu Hilfe. Die Österreicher randalieren in dem kleinen Ferienort.
„Stronzi, vaffanculo", schreit eine italienische Greisin und schlägt
mit einem Seitanschnitzel auf die jungen Oberösterreicher ein. Sie
weichen angewidert zurück und flüchten zu ihren Autos. Sie wirft
ihnen so lange grünen Salat nach, bis ihre Autos in Schlangenlinien
am Horizont verschwunden sind.

Rathaus dementiert

Im Rathaus von Lignano dementiert man, dass der Veggieday aufgrund der Touristinnen und Touristen der Alpenrepublik eingeführt
wurde. „Mamma mia, no no no, das hat nichts mit unseren hochge-
schätzten Gästen aus Österreich zu tun", bekräftigt Bürgermeisterin
Giulia Bianchi.

„Wir freuen uns immer so, wenn sie stockbesoffen am Strand ihre
Pizza Hawaii zu den Klängen von Cordula Grün in den Sand speiben,
während ihre kleinen Bambini das gesamte Meer und jede einzelne
Spielhalle vollpissen."

Wer keinen Veggieday wolle, könne ja, so die Bürgermeisterin,
nach Kroatien oder Spanien fliegen. „Auch wenn uns das natürlich molto leid tun würde, ausgerechnet die Gäste zu verlieren, die
auf booking.com drei Sterne Abzug geben, weil – Zitat – ‚das Hand-
tuch ein bissl zu rau für meine Gattin war' und es aber trotzdem
stehlen ..."

Nächster Eskalationsschritt

Sollte der Veggieday nicht greifen, überlegt man weitere drastische
Maßnahmen. „Wir könnten Sky Shield beitreten", erklärt Bürgermeisterin Bianchi.

„Raketen auf alle Strandliegen, wo aus den Bluetooth-Boxen ir-
gendein Lied von Seiler & Speer kommt oder eine *Kronen Zeitung*
liegt. Drohnen, die Österreicher aufspüren, indem sie automatisch
rot-weiß-rote Adler-Tattoos auf Waden mit Krampfadern erkennen
können. Und wenn das auch nichts nützt, um die Österreicher los-
zuwerden, dann werden wir einfach alle Speisekarten gendern. Wir
hoffen, die Spaghett*innen schmecken!"

Neue Polit-Bewegung: Mikl-Leitner gründet den „Nationalnormalismus"

Foto: Wikimedia / Hannes 24 / C.Stadler/Bwag / Allura / FPÖ (M)

Österreich erlebt die Geburt einer neuen politischen Bewegung: Niederösterreichs Landeshauptmann Johanna „Hansi" Mikl-Leitner verkündete heute die Gründung des „Nationalnormalismus". Er soll ganz normalen Österreichern wieder Halt, Perspektive und vor allem Hoffnung geben. Hoffnung, dass auch eine andere Zukunft möglich ist als eine marxistische-linksgrüne Klima-Gender-Fahrrad-Seitan-Dystopie.

ST. PÖLTEN/TEXING – Kilometerlange Staus vor den Hakenkreuzverkehren, fröhliche Hitlergrüße vor den Lagerhäusern, Schnitzelwettessen der Mikljugend in allen Feuerwehrhäusern, deutschsprachiger Englisch-Unterricht an den Gymnasien. Es ist ein ganz normaler Vormittag in Niederösterreich.

Lokalaugenschein in Texing. An den Häusern wehen Landesflaggen. Landeshauptmann Johanna „Hansi" Mikl-Leitner tritt auf, flankiert von seinen ganz normalen Kollegen Liederbuch-Udo und Hitlergruß-Andi.

Gottfried Waldhäusl sperrt alle Anwesenden unter 18 vorsorglich in ein „Normalitätslager". „Dort tu ma verhindern tun, dass die

Kinder zu Terroristen werden tun und tun ihnen die Händ abhacken tun, damit's sie sich nicht festpicken können tun, ganz normal halt."

Scharfe Kritik an Wien

Die Kritik von Vizekanzler Werner Kogler, sein Verhalten sei „präfaschistoid", lässt der Landeshauptmann Mikl-Leitner nicht gelten. „Ich stehe hier vielleicht bei der Pressekonferenz im Dollfuß-Museum, wo nur Journalisten der NÖN zugelassen sind, weil die anderen linkslinken abnormalen Gesinnungsschmierfinken aus den Schreibstuben der Ostküste braucht kein normaler Mensch. Aber ich lasse mir das Wort ‚prä' nicht bieten, ich habe eine Koalition mit Leuten wie Landbauer, Waldhäusl und Bors, ich bin schon lange mitten im Faschismus angekommen."

Normale Normalität

Normalitätsforscher der elitären Gottfried-Waldhäusl-Universität Waidhofen an der Thaya halten die niederösterreichische Landesregierung für die normalste Regierung, die das Land je hatte. „Wir tun sehen tun, dass in Niederösterreich fast alle normal sein tun, aber leider tut es auch noch ein paar Frauen, die was das Gegenteil von die Männer sind, geben tun", erklärt Rektor Prof. DDr. Herfried Waldhäusl, der Bruder, Cousin und Vater von Gottfried Waldhäusl.

Doch wer sind diese anständigen Normalen? „Da wäre beispielsweise der vollkommen durchschnittliche Tullner Andreas Bors, der sich durch seine normalen Ansichten auch schon mal zum traditionellen Heben der rechten Hand animieren lässt. Oder der anständige Udo Landbauer, der wie in Wiener Neustadt üblich den Tod von Millionen von Juden besingt", erklärt eine Expertin.

Mikl-Leitner unbeirrt

„Bei uns entscheidet der politische Wille der Mehrheit, denn was die Mehrheit will, ist immer vernünftig und normal. Und leider weiß nur ich, was die Mehrheit will, deshalb müssen alle auf mich hören", versichert der Landeshauptmann und leidenschaftliche Hellseher.

Ab morgen gibt es in Niederösterreich keine Gurtenpflicht mehr, es gilt die Fünf-Promille-Grenze, „so wie früher, als die Welt noch normal war", freut sich Mikl-Leitner. „Außerdem werden entartete Künstler zum Putzen der Fußgängerzone in Langenlois gezwungen.

Und die geisteskranken Klimakleber werden sowieso für zehn Jahre in unseren neuen Raiffeisen-Narrenturm in Gugging gesperrt."

Abnormale Niederösterreicherinnen und Nierderösterreicher könnten zukünftig auch gekennzeichnet werden, damit sie von Normalen gemieden werden können: „Ich könnte mir da eventuell so eine Armbinde vorstellen. Vielleicht mit einem Stern drauf, so wie der Genderstern. Der ist ja auch völlig abnormal. Das lasse ich als Landeshauptmann nicht durchgehen."

Volk zufrieden

Bei der Bevölkerung kommt die Bewegung gut an. „Ich find das super, dass die ÖVP endlich vernünftig wird", erklärt Sepp „Seppl" Seppbauer, mehrfach wegen Wiederbetätigung vorbestrafter Waldschrat aus Pfaffenschlag. „Das bestärkt und bestätigt mich, dass mein Weltbild normal ist und dass ich mein Kreuzerl bei der nächsten Wahl bei der FPÖ mache. Und wenn der Hansi so normal ist, wie er tut, macht er das auch."

Namen nur der Anfang: Tiergarten Schönbrunn streicht Affen BWL-Master-Titel

Foto: Depositphotos

Der Tiergarten Schönbrunn will seinen Tieren die Namen streichen. Nun wird bekannt, dass davon auch Namenszusätze wie akademische Titel betroffen sind. Die Nachricht trifft den Schimpansen Balu wie aus heiterem Himmel: Er hat erst kürzlich seinen Master of Arts der internationalen Betriebswirtschaft an der Wirtschaftsuni Wien absolviert.

WIEN – „Uga uga uga", seufzt der Schimpanse, der bis heute noch Balu hieß, traurig. Seine WU-Masterarbeit mit dem Titel „Uga uga ah ah ahhhh uh uh uga uga" (Note: Sehr gut) ist nun nicht mehr das Papier wert, auf das er sie mit seinem eigenen Stuhl geschrieben hat. Es ist nur ein kleiner Trost, dass der Schimpanse wenigstens seine Matura an der HAK St. Pölten behalten darf.

Für den Schimpansen kommt der Schritt tatsächlich zu einem denkbar ungünstigen Zeitpunkt. „Er ist dank seines BWL-Masters gerade vor einer Beförderung in der Marketingabteilung bei Red Bull gestanden", erzählt seine Pflegerin Daniela Huber.

„Das ist jetzt hart für ihn, er hat sich so viele tolle Ideen ausgedacht, etwa einen „Red Bull Shit Throwing Contest" in Salzburg oder ein von Red Bull gesponsertes Seifenkistenrennen, das dann in Fitness-studios eingespielt wird. Genial, oder?"

Gesamte WU hart getroffen

Die Stimmung des geknickten Affen bereitet ihr Sorgen. „Er hat seinen Moët schon seit Tagen nicht mehr angerührt, seine Armani-Jeans liegt zerknüllt in der Ecke. Er will morgen Abend nicht einmal mit den anderen Schimpansen zum Feiern in den Voga fahren." Pech für seine Freunde: Mangels Namen können sie nicht einmal mehr wie gewohnt ihren VIP-Tisch im Voga reservieren, sogar von der Gästeliste wurden sie gestrichen – der soziale Tod für die Affen von der WU.

WU-Rektorin Edeltraud Hanappi-Egger verurteilt die Aberkennung und spricht von einer Farce. „Es kann nicht sein, dass hier ein Alumnus unserer renommierten Universität Schaden nimmt. Sein Weg war so vielversprechend, niemand in seinem Jahrgang konnte so schnell die Karriereleiter hinaufklettern wie er."

Chaos

Der Zoo Schönbrunn löst durch die spontane Streichung aller Tiernamen unerwartetes Chaos im Zoo aus. Eine Schildkröte durfte heute ohne Ausweis nicht ins Bordell: „Der Türsteher hat gemeint, ich schau aus wie 14, ich mein, Oida, ich bin 140! Hab ich gesagt, hoach zua, du Mohnzuzler, ich überleb dich und deine ganze schiache Familie." Wütend zündet sich die Schildkröte eine Tschick an. „Und gelten die überhaupt noch?", fragt sie und blickt skeptisch auf Führerschein und e-card.

Auch hart erkämpfte Tickets für das Konzert von Taylor Swift, die von der Kaiserpinguin-Kolonie erstanden wurden, sind nun ungültig. „Wir sind per E-Mail jetzt nur noch alle über office@zoo-schönbrunn.at erreichbar, es ist schrecklich, ohne Name fehlt dir die Identität. Wer bin ich, was bin ich?" Taylor Swift singt aus den Boxen: „But I've got a blank space, baby. And I'll write your name." Wütend dreht der Pinguin sein Radio ab.

Artenschutz

Von der Namensstreichung abrücken will man im Zoo jedoch nicht. „Wir stehen dazu: Namen sind unwichtig, Schall und Rauch, akademische Titel ebenso", versichert Max Mustermann, der Direktor des Tiergartens. Jetzt, wo es keine Namen und Titel mehr gibt, die beim Publikum menschliche Empfindungen für die Tiere auslösen könnten, kann sich Mustermann endlich darauf konzentrieren, Interesse auf den Artenschutz zu lenken.

„Werde nicht mit Kickl koalieren": Nehammer will nach Wahl offenbar mit Kickl koalieren

Foto: ORF TVThek

Diese Ansage lässt keine Zweifel offen: Bundeskanzler Karl Nehammer bekräftigte gestern erneut, nicht mit der FPÖ koalieren zu wollen – so wie zuvor bereits Johanna Mikl-Leitner. Damit gilt eine ÖVP-FPÖ-Koalition nach der kommenden Wahl als sicher.

WIEN – Es sind bewegte Tage für Kanzler Karl Nehammer: Mikrochip-Gipfel, Nahost-Konflikt, China gegen die USA – überall sind seine Expertise, sein Weitblick und sein Verhandlungsgeschick gefragt. Trotzdem hat der „Weltpolizist aus Wien" (NZZ) noch Zeit, um sich um die österreichische Innenpolitik zu kümmern.

In einem ZIB 2-Interview stellte Nehammer klar, dass er unter keinen Umständen mit Herbert Kickl koalieren will – damit gilt eine FPÖ-ÖVP-Koalition nach der Nationalratswahl im Herbst 2024 als fix.

„Nix da, niente, nada"
„Nein, nix da, niente, nada, da fährt die Eisenbahn drüber, nur über meine Parteileiche. Keine Koalition mit einem Kanzler Kickl, das

sehe ich genauso wie meine Kollegen aus Niederösterreich", erklärt Nehammer. „Und was ist mit einer Koalition unter Führer Kickl?", hakt Armin Wolf nach.

Nehammer schlägt unter dem Tisch schnell in seinem eigenen Buch „NLP mit drei Promille – Die Heurigen-Methode" nach, das mittlerweile als internationales Standardwerk gilt. „Ich sehe ganz genau, was Sie hier machen, Herr Wolf. Sie stellen mir hier eine Frage, auf die Sie eine Antwort erwarten. Das ist nicht die Aufgabe von Journalismus. Machen Sie doch einfach ein Foto von mir, wie ich ein Autohaus eröffne, so wie jeder anständige NÖN-Journalist auch." Dann lächelt Nehammer sphinxhaft. Wolf ist sprachlos, er beißt sich an dem souveränen Medienprofi wieder einmal die Zähne aus.

Umgekehrte Psychologie

Die Vorgänge in Niederösterreich zeigen: Wenn die ÖVP ein Wahlversprechen abgibt, tritt stets das genaue Gegenteil ein. „Wir arbeiten da mit sogenannter umgekehrter Psychologie. Das verstehen Sie als Laie nicht", lächelt der langjährige Kommunikationstrainer Nehammer, dann bestellt er sich im Restaurant ein Steak, weil er gerade extrem Lust auf Pizza hat, und kein großes Bier.

Politische Realität

Niederösterreichs Landeshauptmann Johanna Mikl-Leitner stärkt ihrem Befehlsempfänger den Rücken. „Wahlversprechen wörtlich zu nehmen, ist abnormal. Jeder Normaldenkende weiß, dass Wahlversprechen ihren Zweck am Wahltag erfüllt haben. Ein Wahlversprechen muss man nur einlösen, wenn man keine andere Wahl hat. Darum heißen sie ja Wahlversprechen und nicht Pflichtversprechen."

Kickl reagiert

FPÖ-Chef Herbert Kickl zeigt sich von der Ansage irritiert. „Ich bin verwundert über die Worte des ÖVP-Parteichefs. Wieso geht er davon aus, dass er unter mir Vizekanzler sein kann?"

Kickl holt die aktuellen Umfragewerte heraus. „Ich bin nur noch zwei Inflationsstatistiken und drei vergoldete Musikinstrumente vom Sobotka entfernt von der Absoluten. Dann kann dieser entartete Klosterneuburger Automechaniker zwar unter mir arbeiten, aber nur, weil ich ihn die Straße putzen lasse." Kickl bellt angriffslustig.

Liegt allen auf der Tasche: Obdachloser ruft Polizei wegen nicht amtsführendem Stadtrat Mahrer

Foto: Silvio Heinze

Er liebt es, auf der faulen Haut zu liegen. Er schläft den ganzen Tag in der sozialen Hängematte. Er liegt uns schon seit Jahren auf der Tasche. Karl Mahrer, ein stadtbekannter Tachinierer, lässt sich auf Steuerzahlerkosten von der Gesellschaft aushalten. Ein wachsamer Obdachloser griff endlich ein und alarmierte die Polizei.

WIEN – Skeptisch beobachtet der Obdachlose Hermann, wie Karl Mahrer orientierungslos über die Mariahilfer Straße schlendert, ohne Ziel, ohne Aufgabe, ohne Sinn im Leben. 9092 Euro brutto, 14 mal pro Jahr, erhält Mahrer als Unterstützung von der öffentlichen Hand. „Klar, dass da die Motivation fehlt, sich einen echten Job zu suchen", murmelt Hermann.

Faul und kriminell

„Er könnte ja zumindest Aushilfsjobs übernehmen und die Straße kehren oder so was. Wir haben eh einen Fachkräftemangel. Wir können uns die faule ÖVP, die auf unsere Kosten in der sozialen Hängematte liegt und ständig kriminell wird, nicht mehr leisten", schüttelt Hermann den Kopf. Er träumt von einem ÖVP-freien Wien.

Der unbeliebte Tagedieb und Wegelagerer Mahrer stalkt immer wieder Passanten und filmt sie heimlich beim Schlafen. „Der Typ is ur creepy", erklärt eine aufgebrachte Mutter. „Er hat mein Baby gefilmt, wie es im Kinderwagen geschlafen hat, dann hat er die Cobra gerufen und gesagt, ich soll es aufwecken, in die Arbeit schicken, es soll was leisten."

Bei der Annahme von Hilfeleistungen kennt Mahrer keine Scham und keinen Genierer. 2010 erschnorrte er sich auf der „Police Academy Wiener Neustadt" einen Bachlor of Arts – in nur acht Wochenendseminaren.

Polizei warnt vor Mahrer

Die Polizei ist bereits über den Mann informiert, erklärt Inspektorin Rita Bukovics: „Bei dem Delinquenten handelt es sich um einen geistig verwirrten Gammler, die Kollegen aus dem Rayon observieren ihn bereits." Immer wieder fällt er mit falschen Notrufen auf und blockiert die Leitstelle.

„Gestern hat er gesagt, wir sollen ihn mit dem FBI verbinden, weil am Brunnenmarkt sind islamistische Alien-Terroristen gelandet. Wir haben Nachschau gehalten. Es waren nur drei Avocados."

Sein bemitleidenswertes Motiv: Aufmerksamkeit.

„Er will wahrgenommen werden und glaubt, so kann er irgendwann Bürgermeister werden. Er ist abgedriftet in seine eigene Fantasiewelt. Was bringt es, diesen hoffnungslosen Fall einzusperren? Morgen steht er wieder an derselben Stelle und filmt obsessiv schlafende Obdachlose."

Hotspot Wien

Doch Leute wie Mahrer sind längst kein Einzelfall mehr. Leider wird die Situation in Wien Jahr für Jahr schlimmer. „Man kann kaum noch am Café Landtmann vorbeigehen, ohne über sieben schlafende ÖVP-Bundesräte zu stolpern", schimpft eine Wienerin. „Und erst letzte Woche, direkt vor dem Parlament, wurde ich von einer jungen Dame, die sich als Medienministerin vorstellte, mit einer neuen ORF-Steuer überfallen!"

Schweres Suchtproblem

Für Mahrers Zukunft sieht der Obdachlose Hermann schwarz. „Ich sehe den Schnorrer ja schon seit Jahren. Immer will er den Reichen was abluchsen. Eine Parteispende hier, eine Parteispende da. Er braucht das, um sich seine Sucht nach medialer Aufmerksamkeit und Anerkennung zu finanzieren, ein Teufelskreis", erzählt Hermann.

Diese Form der Beschaffungskriminalität ist in der ÖVP-Bande, der bekanntesten Bettelmafia Österreichs, weit verbreitet. „Wie lange kann und will sich eine Gesellschaft das noch leisten?"

Nach Nazi-Tattoos: Adolf Hitler-Freibad in Braunau will in Zukunft besser aufpassen

Foto: Frank Vincentz / Wikipedia (Montage)

Aufregung im Adolf Hitler-Freibad in Braunau. Dort, wo normalerweise Familien mit Kindern das Sommerwetter genießen, sollen mehrere Gäste verbotene Tätowierungen zur Schau gestellt haben. Das Freibad weist alle Vorwürfe zurück.

BRAUNAU – „Ab 5:45 Uhr wird zurückgeschwommen", lacht der Bademeister und sperrt das Adolf Hitler-Freibad auf. Wie jeden Morgen leert er chemisches Chlor in die Leitungen. „Das hab ich von meinem Opa gelernt, altes Familienwissen", erklärt er stolz. Im beliebten Restaurant „Blut und Baden" wird die Fritteuse angeworfen, ein neuer Tag beginnt.

Bis jetzt wirkt das Freibad in Braunau wie ein ganz normales oberösterreichisches Freibad. Doch in den letzten Tagen sorgte es mit einem rechtsextremen Skandal für Schlagzeilen. „Dieses Gedankengut hat bei uns absolut nullkommanix zu suchen", erklärt Bürgermeister Adolf Hitler III. und zeigt entsetzt auf ein Regenbogentattoo am Knöchel einer Besucherin. „Hausverbot!"

Ort der Toleranz

Politische Botschaften seien unerwünscht, erklärt er bei einem Rundgang durch das beliebte Braunauer Freiheitlichenbad. „Wir leben hier die Toleranz", erklärt er. „Bei uns ist jeder willkommen, egal welche Religion: katholisch oder evangelisch."

Doch man könne nicht jeden einzelnen Gast überprüfen: „Klar passiert das, dass sich unter den Gästen ein schwarzes Schaf befindet, wie etwa ein Linker, Moslem, Homosexueller, Radfahrer, Transsexueller, Grüner, Roter, Veganer – Vegetarier sind willkommen – Kommunist, Jude, Künstler, Intellektueller, Schwarzer, Brauner, Gelber, Buddhist, Nihilist, Realist, Antifaschist, Fetischist, Ökofuzzi, Hippie, Behinderter, Wissenschaftler, Dichter, Nüchterner oder Öffi-Benutzer ... Für Frauen ist das Baden in Oberösterreich ja Gott sei dank ohnehin verboten."

Safe Space

Generell sei man stolz darauf, einen der landesweit letzten Safe Spaces für Patrioten zu betreiben. „Heutzutage wird man schnell ins rechte Eck gestellt und als ‚Nazi' bezeichnet, nur weil man ein Nazi ist", schüttelt Hitler III. enttäuscht den Kopf.

„Einmal die Pommes und ein Cornetto Eiernockerl, bitte, und für den Sohnemann ein Eis. Habt's noch ein Kickerl? Heftig, wie teuer das jetzt geworden ist, wenn man mal umrechnet, wie viel das damals in Reichsmark war ..."

Für die angeblich rechtsradikalen Tattoos von Freibadbesuchern fühlt sich die örtliche Polizei nicht zuständig. „Uns sind da leider die Hände gebunden, wir sind befangen", erklärt Inspektor David Göring. „Also hauptsächlich deshalb, weil ich selbst das war mit dem Peckerl. Geil, oder?" Er zieht sein Shirt hoch. Dann muss er zu einem Großeinsatz. In einem Seniorenheim wurde ein geheimes Untergrundtreffen der Omas gegen Rechts gemeldet.

Ruhiger Badetag

19:00 Uhr. „Badeanschluss, Badeanschluss", hallt es aus den Lautsprechern des Adolf Hitler-Freibads. „Heute war's ruhig", freut sich der Bademeister. „56 Wiederbetätigungen, 320 illegale Faustfeuerwaffen und nur drei Anschlagspläne auf das Volksstimmefest."

Löwin in Berlin entlaufen: Behörden lassen Tiroler Killerkuh Herta einfliegen

Foto: Urs Flueeler / Keystone / picturedesk.com

Niemand wollte, dass es so weit kommt – doch die Berliner Behörden haben keine andere Wahl. Um die entlaufene Löwin aufzuspüren, lässt die Polizei jetzt ein Sondereinsatzkommando aus Tirol einfliegen: Killerkuh Herta. Sie ist im Umgang mit Deutschen speziell geschult.

IMST/BERLIN – Mehrere Cobra-Beamte eskortieren Herta zum Hubschrauber. Sie nicken sich zu, dann nehmen sie ihr die Hannibal-Lecter-Maske ab. Herta ist nicht irgendeine Kuh – sie ist die gefährlichste Kuh Österreichs, eine wiederkäuende Kampfmaschine mit sieben Mägen, vier Hufen und einem Killerinstinkt. In der Nahrungskette steht sie über Löwen und verfügt über spezielle Fähigkeiten im Umgang mit Deutschen, die nun gefragter sind denn je.

„Mensch, kuck ma da, det Pony hat Hörner, do kricht ma jo rischtisch Muffensausen, ditt is der Wahnsinn", staunt der extra nach Imst gereiste Berliner Einsatzleiter Detlef Vollhorst und legt staunend seine Currywurst zur Seite. „Da krieg ich doch gleich Bock, mit meenem Hund gefährlich dicht an ihr vorbeizulatschen oben am Gipfel. Schade, dass ich meine Wander-Flipflops nicht dabei hab …"

Der Tiroler Polizist Michael Harasser erklärt, es handle sich bei dem „Pony mit Hörnern" um eine Kuh. Vollhorst schüttelt den Kopf: „Ne lass ma steck'n, Ösi, Kühe sind lila und geben Schoko, dit weiß doch jedes Kind."

Allesfresserin

Killerkuh Herta ist gerade erst von einem UNO-Auslandseinsatz in Burkina Faso zurückgekehrt, wo sie einen Militärputsch niedergeschlagen hat.

„Sie ist Allesfresserin. Sie frisst Gras, Heu, aber auch Schnecken, Wildschweine, Löwen und generell am liebsten Deutsche, aber auch von der Sonne schön knusprig gebratene Briten", erklärt ein General des Bundesheeres. „Mit ihr hätten wir den Zweiten Weltkrieg nicht verlo … Na, so was darf man ja nimmer sagen heutzutage, Wurscht."

Um die Killerkuh auf Deutsche scharf zu machen, reibt er der Kuh immer wieder weiße Adidas-Badeschlapfen und eine *BILD*-Zeitung unter die Nase. „Das macht sie zur Maschine. Gott gnade der deutschen Nation", erklärt Amtstierarzt Jürgen Rudolf.

Killerkuh landet in Berlin

Vier Stunden später. Der Hubschrauber mit Killerkuh Herta landet in Berlin-Mitte. Dutzende GSG9-Spezialeinheiten zielen auf die gemeingefährliche Kuh. „Drei, zwei eins – fass!", schreit der Tierpfleger und lässt Herta los, die sofort die Fährte der Löwin aufnimmt und im Blutrausch über den Alexanderplatz tobt. Die Spezialeinheiten flüchten in ihre gepanzerten Einsatzfahrzeuge. Es ist einfach zu gefährlich für sie.

Killerkuh Herta vertreibt zuerst im Vorbeigehen den Abou-Chaker-Clan aus der Stadt, übernimmt den Remmo-Clan und sorgt in den Freibädern für Ruhe. Währenddessen kommt sie der Löwin immer näher. Doch nach wenigen Stunden kommt es zu einem unerwarteten Zwischenfall.

An Berlin angepasst

„Wir haben sie verloren, wir haben sie verloren", brüllt ein General immer wieder verzweifelt ins Funkgerät. Die Killerkuh dürfte sich an die Berliner Umgebung angepasst haben.

„Alles, was wir wissen, ist, dass Herta jetzt nur noch vegane Quinoa-Bällchen isst, Second-Hand-Prada trägt, irgendwo in Kreuzberg eine österreichische Bar betreibt, die sich auf südburgenländische Naturweine spezialisiert hat und jeden Samstag im *Heideglühen* auflegt."

Mit einer Rückkehr rechnet man erst übermorgen, wenn ihr das Geld für die Miete ausgeht und ihre DJ-Karriere überraschenderweise scheitert.

Endlich normal: Kanzler ändert Namen auf „Autokarl Hetero Schnitzel Normalhammer"

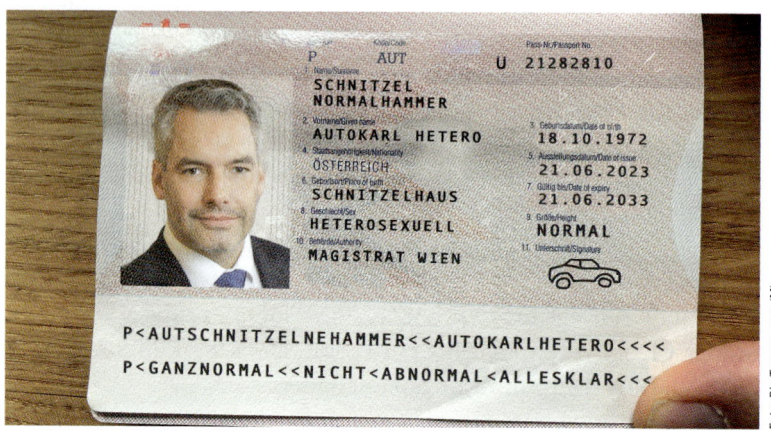

Foto: Die Tagespresse (M)

In einem mitreißenden Video wendet sich der Bundeskanzler an die österreichische Nation und erklärt, wer normal ist und wer nicht. Er selbst geht mit gutem Beispiel voran. Um endlich völlig normal zu sein, ändert er seinen Namen auf „Autokarl Hetero Schnitzel Normalhammer".

WIEN – Österreich ist wohl das normalste Land der Welt: unzählige Korruptionsfälle, Rekordinflation, Rechtsextreme in Landesregierungen, Pflegenotstand, explodierende Energiekosten, Wuchermieten, Hitler-Reden in ÖBB-Zügen, 45 Milliarden Cofag-Förderung, Rückzahlungen von Corona-Strafen, riesige Waffenfunde bei Nazis, eine Frau Landeshauptmann, russische Propagandamedien, Prämien für patriotische Gasthäuser, Polizisten, die auf dem rechten Auge blind sind, und was auch immer das Kunstprojekt Karl Mahrer sein soll.

„Das ist doch alles nicht mehr normal, wenn das alles plötzlich nicht mehr normal sein soll. So ein ganz normales Land verdient einen Kanzler mit einem ganz normalen Namen", erklärt der Kanzler entschlossen.

Brandneuer Reisepass

Stolz präsentiert Normalhammer seinen neuen Reisepass. „Könnt's mich gern ‚Autokarli' nennen. Oder auch ganz normal ‚Schnitzel', oder ‚Schnitzi', wenn wir uns schon besser kennen, ganz wie ihr wollt's. Wenn wir uns noch nicht so gut kennen, dann ist mir ‚Herr Hetero' lieber."

Normales Land

Dann wird der Kanzler ernst: „Dieses Land ist ein normales Land, für normale Herberts oder normale Ursulas, keine Mohammeds oder Conchitas. Österreich wurde immer schon von normalen Leuten aufgebaut", bekräftigt der Kanzler.

„Mozart, Genie und schwerer Alkoholiker, ganz normal, ein echter Österreicher. Dr. Karl Lueger, ein Mann mit normalen Ecken und Kanten. Oder unser normaler Kurt Waldheim, dessen Pferd leider später Opfer einer Schmutzkübelkampagne von Abnormalen wurde."

Eines steht fest: die Normalität in diesem Land ist gefährdet, gibt Normalhammer offen zu und nippt nachdenklich an seinem Glas E-Fuels. Der Kanzler lässt sich von betrunkenen Cobra-Beamten die Klosterneuburger Weinberge hinunterkutschieren, während mehrere Autos und Klimakleber touchiert werden.

Abnormale Jugend

Besorgt zeigt sich Normalhammer darüber, dass junge Menschen sich an die Straße kleben, um die Erde zu retten. „Das macht mich schon nachdenklich. Dass die Jugend von heute rebelliert, Grenzen austestet, sich um die Zukunft sorgt, das ist extrem abnormal. In meiner Jugend haben wir uns einfach ganz normal jeden Freitag die Birne weggesoffen, und schauen Sie mich heute an, es hat mir nicht geschadet. He, fahr den Klimakleber da vorn an!"

Normalitätsoffensive

Normalhammer schwört die Bevölkerung auf Opferbereitschaft ein: „Normal sein, das bedeutet für mich, dass zu uns immer noch der Nikolo kommt, auch wenn das Nikolosackerl 30 Prozent mehr kostet als im Vorjahr. Das ist eben der Preis für Normalität."

Der Bundeskanzler plant nun eine „Normalitätsoffensive" im Land. „Die Förderungen für die Paralympics werden gestrichen. Ich mein, im Rollstuhl Basketball spielen, blind schwimmen, nix für ungut, aber geht's noch? Nicht mit uns!"

Es wird stattdessen eine österreichische Normalitätsolympiade mit folgenden Disziplinen geben: 100 Meter vom Auto zum Heurigen gehen, drei Minuten Missionarsstellung, ohne dass die Frau kommt, Schnitzel panieren, 10 Stunden Fernsehen, 40 Minuten die Kinder schlagen, 10 Kilometer Inzest, Eiskunstsaufen, Zurückrudern und Synchron-Hitlergrüßen.

Endlich: Gmundner präsentiert Keramik-Bong

Foto: depositphotos.com (M)

Ein überraschendes neues Produkt der renommierten Gmundner Keramik-Manufaktur sorgt für Begeisterung: die „Gmundner Keramik Bong." Eine einzigartige Kreation, die die Tradition der handgefertigten Keramik mit modernem Lifestyle verbindet.

GMUNDEN – „Mei, des hätt i mir ned dacht, dass du dir a Gmundner ins Wohnzimmer stellst. Fesch, fesch, alle Achtung", lacht Oma Hertha (83) und betrachtet das neue Stück ihrer Enkelin Hanna (21).

„Was isn das? A Blumenvase? Die gfoit ma richtig guad." Hanna lächelt unschuldig und nimmt einen Zug. Die Oma nickt: „Ah, ein Luftbefeuchter, lustig. Gut für die Lunge, goi?" Hanna nickt seelig lächelnd.

„Ein Unternehmen muss mit der Zeit gehen oder mit der Zeit gehen, um hier Moneyboy zu zitieren, Shoutout an Sebastian Meisinger aka Pineapple, The Fruit Dude", lacht Gmundner-Keramik-Designer Jakob Ossberger, inhaliert den Rauch aus der Bong auf seinem Schreibtisch und beobachtet lächelnd die Schwäne am Traunsee.

Drogen als Ausweg

Dann wird er plötzlich ernst. „Ohne Drogen hältst du es in Gmunden, diesem stockkonservativen Nest, einfach nicht aus. Wenn deine Hobbys nicht gerade Bootfahren, Schotter und Erben sind, hast du da keinen Spaß."

Auch weitere Produkte waren und sind in der Pipeline, die „Gmundner Keramik Papers" konnten sich jedoch am Markt nicht durchsetzen, da sie gleich beim ersten Gebrauch zerbrechen, genauso wie der „Gmundner Keramik Grinder".

Jede Bong wird sorgfältig von einheimischen Kifferinnen und Kiffern von Hand gefertigt und grüngeflammt, wobei die jahrhundertealte Keramiktradition der Region gewahrt wird. „Das wichtigste Detail und unser Markenzeichen behalten wir natürlich weiterhin bei: Die Dinger sind scheißteuer, hahaha", lacht Jakob Ossberger.

Skater begeistert

Lokalaugenschein im Skatepark Gmunden. Hier findet die einheimische Keramik Bong großen Anklang bei den wenigen Jugendlichen, die noch nicht aus dem Salzkammergut in die Zivilisation geflüchtet sind. „Bist fertig, die schiabt richtig an, goi?", lacht Skater und Erbe Klaus (23) und reicht die Bong seinem Freund Andi (22), ebenfalls Skater und Erbe. Die beiden haben große Pläne. Klaus nickt: „Entweder werd ich Profi-Skater oder Drum'n'Bass-DJ ... vermutlich aber Immobilienverwalter, meinen Eltern gehört die Hälfte aller Seegrundstücke."

Andere österreichische Traditionsunternehmen ziehen nun nach, um mit ihren verstaubten Produkten wieder die Jugend abzuholen. Puch bringt endlich ein Skateboard auf den Markt, Niemetz verkauft Schwedenbomben, gefüllt mit Snus, und schon im Herbst kommt der erste mit feinstem Kokain gefüllte Zaunerstollen in den Handel.

Soforthilfe gegen Starkregen: Nehammer hat heute seinen Teller aufgegessen

Foto: depositphotos.com (M)

Nach dem tagelangen Starkregen im Süden Österreichs sagt die Regierung rasche Hilfe zu. Um weitere Niederschläge zu vermeiden, hat Bundeskanzler Karl Nehammer heute seinen Teller aufgegessen. Es handelt sich bis dato um die bedeutsamste Maßnahme der Regierung gegen den Klimawandel.

WIEN – Vermummte Cobra-Spezialeinheiten riegeln den Heurigen *Zum baren Wahren* (nur Barzahlung, Anm.) in Wien-Grinzing ab. Niemand darf mehr hinein oder hinaus. In den nächsten Minuten entscheidet sich hier die Zukunft Österreichs. Kanzler Karl Nehammer will heute den Starkregen stoppen, der derzeit Kärnten und die Steiermark verwüstet.

Klimaschutz mit Biss

„Für den Klimaschutz! Einmal bitte das Schnitzel, serviert mit Schnitzel, dazu ein Schnitzel. Aber ohne Seitan und ohne Beilagen, ich bin kein Woam-, also ich bin normal", sagt Nehammer dem Heurigenwirt.

„Und backt's mir das ned im Frittieröl, sondern, wie es sich gehört, in E-Fuels ausse, ja?" Nehammer lockert seine Kiefermuskulatur, kreist mit seiner Zunge im Mund und nickt. Er ist bereit.

„Wie sagen die Bauern? Spült der August ganz Kärnten weg, hat September Sonne im Gepäck", erklärt Nehammer und nimmt den ersten Bissen von seinem Schnitzel. Sichtlich zufrieden tupft sich der Kanzler den Mund mit einem 100 Euro-Geldschein ab.

Nehammer wünscht sich wieder mehr Normalität in der Klimadebatte: „Der Wadsak hat mir schon drei Grillabende ins Wasser gesetzt. Ich verlass mich nicht mehr auf die Mainstream-Wettervorhersage."

Altes Wissen bestätigt

Nicht zu unrecht befindet sich der Spruch „Alle Staatsbürger haben ihre Teller aufzuessen, dann gibt es morgen gutes Wetter" schon seit 1920 im Artikel 12 des Bundesverfassungsgesetzes. Ein empirischer Zusammenhang wurde bereits mehrfach von einem Team aus Großmüttern und der renommierten Jumbo-Schreiner-Universität München bestätigt.

Auch die alte Bauernregel „Willst du keine Muren und Leichen, wähle die Hure der Reichen", scheint sich wieder einmal zu bestätigen. Die ÖVP ist die einzige Partei, die die Ärmel hochkrempelt, um den Planeten zu retten.

Kritik

Die FPÖ kritisiert jedoch den „überbordenden" Klimaschutz des Kanzlers und sieht keinen Zusammenhang. „Abrutschende Berge, weggerissene 300 Jahre alte Bauernhöfe, 275 Liter Niederschlag pro Quadratmeter in zwei Tagen, das hat es immer schon gegeben", erklärt Parteichef Herbert Kickl und leert demonstrativ den Inhalt des Schnitzelbuffets für die Medienvertreter in den Mistkübel.

Perfekter Krisenkanzler

Nach 13 Minuten ist Österreich gerettet: Nehammer verspeist das letzte Stück Schnitzel. Stolz hält er den leeren Teller in die Kameras. „Ich wollte immer schon ein Kanzler sein, der für die normale Bevölkerung arbeitet, der anpackt und sich nicht zu schade ist, auch mal etwas runterzuschlucken, um den Klimawandel zu stoppen."

Nehammer trinkt seinen Doppler aus und entschuldigt sich. Er hat jetzt Wichtigeres zu tun. „Nach dem Bargeld hat jetzt bis Dezember ein anderes Thema oberste Priorität: Der Nikolo muss in die Verfassung!"

Damit jeder Gesetze reinkritzeln kann: Regierung gibt Verfassung als Google Docs frei

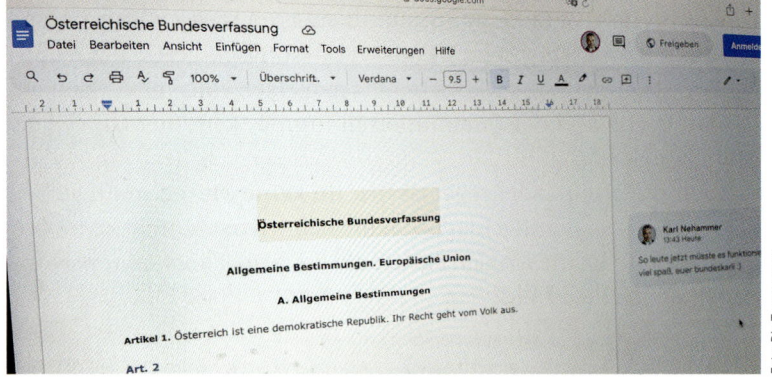

Foto: Die Tagespresse

Das Recht auf Bargeld ist erst der Anfang: Geht es nach der Regierung, soll bald jeder nach eigenem Gutdünken Adaptionen in die österreichische Verfassung kritzeln können. Die Bundesverfassung der Republik Österreich ist zu diesem Zweck ab heute als Google Docs freigegeben.

WIEN – 13 Uhr, bereits einige hundert Menschen tummeln sich im Google Docs. User „manfred229743" fügt das Recht auf „Grillen während Waldbrandgefahr" zur Verfassung hinzu. Userin „Roswitha_Wels_Land" schreibt gerade an dem Gesetz „Mein Ex-Mann Poidl muss hiermit zu mir zurückkommen und mit mir auf Karpathos urlauben. Poidi, i lieb di imma no!"

Hunderte Cursors bahnen sich ihren Weg über den Bildschirm. Immer wieder werden Seiten vollständig gelöscht, nur um wenige Minuten später mit unzähligen Rechtschreibfehlern und in bunten Farben formatiert am anderen Ende des Dokuments wieder aufzutauchen. Minion-Cliparts zieren die Ränder der Seiten, der Geruch von Anarchie liegt in der Luft.

Direkteste Demokratie

„Wir haben uns gedacht, es reicht nicht, jeden populistischen Schas der FPÖ nachzumachen", erklärt Bundeskanzler Karl Nehammer. „Ab jetzt heißt es: volle Kanone Demokratie, Wille des Volkes ungefiltert, so direkt wie noch nie, auf geht's."

Vorfreudig aktualisiert er die *Krone*-Startseite in Erwartung neuer, besserer Umfragewerte. „Ah, da sind sie ja", lächelt Nehammer selbstsicher, dann muss er schlucken. Er ist derzeit nur um ein Prozent beliebter als Starkregen, liegt aber weiterhin zwei Prozent hinter explosivem Brechdurchfall.

Doch der Kanzler lässt sich nicht beirren, er tippt bereits seit den frühen Morgenstunden im Verfassungsdokument herum. „Recht auf Bargeld, Recht auf Heterosexualität, Recht auf normale E-Fuel-Schnitzel, Recht auf Auto-Schnitzel, Recht auf Alkohol und Psychopharmaka-Schnitzel, beim Autofahren ab sofort drei Promille erlaubt, Klimakleber verlieren alle Rechte und Autos bekommen ab sofort Menschenrechte", schreibt er hinein. Nachdenklich kratzt sich der Kanzler an der Stirn, ehe er das Recht auf zu feste Handschläge ewig in der Verfassung verankert.

Präsident leidet

Es sind schwere Stunden für Bundespräsident Alexander Van der Bellen – mit der Schönheit der Verfassung ist es seit heute Mittag vorbei. „Er macht gerade zwischen seinen neun regulären Rauchpausen pro Stunde noch eine zehnte. Das ist kein gutes Zeichen", seufzt eine besorgte Mitarbeiterin. Hinter ihr heben Arbeiter Dutzende Marlboro-Paletten aus einem Lkw und tragen sie in die Hofburg.

Plötzlich taucht der User „Sascha_Wien" im Google Docs auf und schreibt das Gesetz „Landesweite Rauchpflicht ab 14" in die Verfassung. User „Doskonator" ernennt sich weiter unten zum verfassungsmäßigen Parteivorsitzenden der SPÖ. User „Herbie88" ersetzt die europäische Menschenrechtskonvention durch eine Anzeige für Pferdeentwurmungsmittel.

Erfolgslauf fortgesetzt

Nach der erfolgreichen Bekämpfung der Inflation, der Eindämmung der Preise für Mieten, Lebensmittel und Energie und einer Strategie zur Bekämpfung der Klimakrise ist die partizipative Google-Docs-Verfassung ein weiterer Meilenstein der schwarz-grünen Regierung.

Doch um ihre Kunden nicht zu vergrämen, plant die ÖVP, Großkonzerne, Lobbyisten und Wladimir Putin ihre Adaptionen in Schriftgröße 100 pt reinschreiben zu lassen – gegen eine kleine Parteispende.

„Sicher ist sicher": Kunst-Uni nimmt Kickl auf

Foto: EXPA / APA / picturedesk.com (M)

Davon träumen viele Künstlerinnen und Künstler: Ein Studium an der renommierten Akademie der Bildenden Künste in Wien! Dieser Traum wird für den Nachwuchskünstler und Politiker Herbert Kickl nun Wirklichkeit. Die Kunst-Uni hat ihn heute Vormittag sicherheitshalber aufgenommen.

WIEN – „Wien darf nicht Istanbul werden", liest Rektor Johan Frederik Hartle vor und zeigt auf das Kunstwerk „FPÖ-Wahlplakat Wiener Gemeinderatswahl 2005", das ihm so gut gefallen hat, dass er es in seinem Büro aufgehängt hat. „Wahnsinn! Dieser Satz funkelt und pulsiert. Dazu diese originelle, virtuose Bildkomposition, die mit den visuellen Codes konventioneller rechtspopulistischer Wahlwerbung spielt und sie subversiv umdeutet und verfremdet. Der Kampf zwischen Fortschritt und Bewahrung, Hyperkultur gegen Kulturessenzialismus – dieses Werk ist Gegenwart pur. Genau deshalb haben wir Sie aufgenommen, Herr Kickl!"

Endlich Anerkennung

Kickl kann sich ein stolzes Lächeln nicht verkneifen und betrachtet ergriffen sein eigenes Werk. Dann fletscht er die Zähne. „Erkennt ihr linkslinken Genspritzen-Globohomo-Gutmenschen also endlich das Talent des Herbert Kickl? Moment, ich hab eine neue Idee."

Kickl klappt sein mehrere tausend Seiten langes Manifest auf und notiert sich etwas. Hartle versucht, einen Blick auf den Titel des Manifests zu erhaschen: „Was steht da vorne drauf? ‚Mein K ...'" Kickl verstaut es schnell in seinem Rucksack. „Es heißt ‚Mein K – unstprojekt', genau."

Kickl lenkt schnell ab: „Ich hab die E-Mail mit der Aufnahmebestätigung heute Früh sicher vierzigmal gelesen. Ich hab mich ja gar nicht aktiv beworben, aber meine Kunst ist offenbar so brillant, dass die Akademie mir unbedingt das gewähren will, was sie so vielen anderen Größen vor mir verweigert hat." Hartle sitzt daneben und nickt zustimmend. Dabei bilden sich riesige Schweißflecke auf seinem Anzug.

Akademische Karriere

Mit dem Bachelor-Studium ist Kickl nun drei Jahre von der Politik abgelenkt. „Und wieso nicht auch gleich ein Master? Pre-Doc? PhD? Post-Doc? Post-Post-Doc?", lächelt Hartle nervös. „Damit Sie nicht auf andere Gedanken kommen, haha. Wobei alle Ihre Gedanken sehr wertvoll sind. Ich wollte jetzt auf keinen Fall Ihr Ego kränken. Sie sind der mit Abstand talentierteste Mensch, der mir je untergekommen ist, ein Genie."

Hartle tupft sich den Schweiß von der Stirn. Kickls Mund verformt sich zu so etwas Ähnlichem wie einem menschlichen Lächeln.

Neue Ideen

Neben subversiver Gegenwartskunst will sich Kickl in seinem Studium an der Bildenden auch der Landschaftsmalerei widmen. „Ein sehr spannender Zugang. Man sieht eine Landschaft und dann malt man sie möglichst realistisch. Das hat es so in der Kunstgeschichte noch nie gegeben, das ist nichts weniger als eine Revolution", bestärkt Hartle seinen neuen Schützling.

Gegen Ende der Tour durch die Akademie hat Kickl noch eine Überraschung für den Rektor bereit. Er präsentiert sein neuestes Werk: „Festung Österreich". Hartle klatscht begeistert die Hände zusammen: „Dieser Titel evoziert sofort Bilder einer unbezwingbaren Bastion, stehend gegen die Kräfte der Zeit und des Fortschritts. Ich liebe auch Ihre Entscheidung, Ihren eigenen Körper zu einem Teil des Kunstwerks zu machen und diese aggressiv-hässliche Camouflage-Jacke als Symbol der Krise der Männlichkeit einzusetzen."

Das Werk soll gleich in der ständigen Absolventen-Ausstellung gezeigt werden. „Damit es niemand sieht– äh, damit es alle sehen können", so Hartle.

Leben für die Kunst

Mit stolzgeschwellter Brust tritt Kickl aus der Akademie. „Ich hab ja immer schon gewusst, dass ich Talent habe, aber … dass ich das größte lebende Genie bin? Das muss ich erst einmal sacken lassen. Vielleicht nehme ich mir ein paar Jahre Auszeit von der Politik und widme mich ganz der Kunst." Kickl wirft sein Manifest in den nächsten Mistkübel und verschwindet im Gerstäcker, um sich mit Pinseln, Farben und Keilrahmen einzudecken.

Schramböck berät Saudi-Arabien: ÖVP will politischen Islam jetzt von innen zerstören

Seit Jahren kritisiert die ÖVP die Umtriebe des politischen Islams. Jetzt schreitet die Partei zur Tat: Ex-Digitalministerin Margarete Schramböck wurde nach Saudi-Arabien entsandt, wo sie den staatlichen Ölkonzern zum Thema Digitalisierung berät. Offenbar soll sie als Agentin der Volkspartei den weltweit größten Financier des politischen Islams von innen heraus mit ihrer „Kompetenz" lahmlegen.

RIAD – 45 Grad im Schatten. Margarete Schramböck steigt aus dem Privatjet und verstaut das Buch „Hinrichtungen für Dummies" in ihrer Tasche. Am Flughafen wartet bereits Kronprinz Mohammed bin Salman auf sie. Er atmet erleichtert auf: Das digitale Zeitalter hat nun auch für sein Land endlich begonnen.

Eine österreichische Ex-ÖVP-Ministerin, die für einen mörderischen Gottesstaat arbeitet, das wirkt nur auf den ersten Blick bizarr – Schramböck soll Saudi-Arabien unterwandern. Im autoritären Umfeld fühlt sich die Digitalisierungsexpertin wohl. „Ich war jahrelang Teil einer radikalen, korrupten, religiösen Sekte, wo Frauen keine Rechte haben. Dagegen ist das hier wie Woodstock 1969."

Überraschungsgeschenk

Schramböck kommt nicht mit leeren Händen nach Riad, sie hat eine Überraschung im Gepäck. „Ich hab meine Kontakte in die USA spielen lassen, liebe Grüße von meinem Gebieter Sebastian an dieser Stelle", lächelt sie stolz und präsentiert dem Kronprinzen das erste Enthauptungsemoji für WhatsApp. Seine Entourage applaudiert minutenlang.

Auch in Smalltalk-Situationen hält Schramböcks Tarnung. „Ich liebe den Islam ... vor allem das Essen. Und das Wetter. Und alle sind so freundlich hier im Islam", erzählt sie dem nickenden König Salman ibn Abd al-Aziz, der gerade in seinem Journalisteneintopf stochert. „Wird hier im Islam eigentlich meine Energetikerausbildung nostrifiziert?"

Digitalisierungsoffensive

Kommenden Freitag soll wieder enthauptet werden – doch diesmal wird alles digital: Schramböck plant die erste Enthauptung im Metaverse. „Ich hab dafür extra im „Kaufhaus Österreich" diese Server gekauft, damit der Stream nicht ruckelt", lächelt sie und zeigt auf einen Game Boy Color aus 1998. Sie zwinkert uns zu – es ist alles Teil ihres genialen Plans.

Bereits in Arbeit ist das „Kufrhaus Saudi-Arabien", eine Suchmaschine, die Ungläubige in der Umgebung aufspürt – Schramböcks Magnus Opum. „Es soll mehrere hunderttausend Euro kosten, aber keine Funktion haben. Nicht mal die Suchmaschine funktioniert ..." Schramböck kichert diabolisch. Bin Salman, der kein Deutsch versteht, lacht gutgläubig mit und freut sich über den Eifer seiner Expertin.

„Zuschauen zu wenig"

Im Situation Room in Wien beobachtet die ÖVP-Führungsriege die Livebilder der Agentin 000 aus Saudi-Arabien. „Immer nur den politischen Islam kritisieren, aber nichts tun – das war uns irgendwann zu wenig", seufzt Karl Nehammer. Durch die Entsendung Schramböcks könnten die Aktivitäten des Gottesstaates über Jahre lahmgelegt werden. Es zeigt: Hinter der ÖVP-Agitation gegen den Islam steckt mehr als nur der extrem billige Versuch, die FPÖ zu kopieren. Die Partei meint es ernst.

„So, ich muss los, ich lass mir in Istanbul die Beine verkürzen." Den Vorwurf, Kickl nun auch äußerlich zu kopieren, weist der Kanzler zurück.

Entsetzen in Oberösterreich: Mann mit Freibad-Tattoos in Nazi-Bar

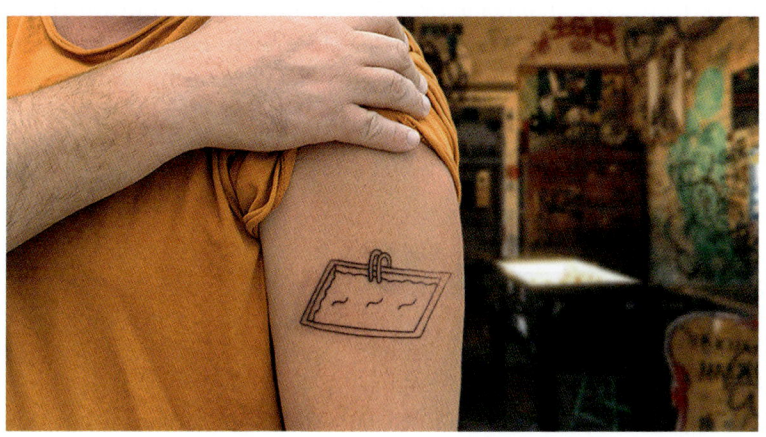

Fassungslosigkeit herrscht in Oberösterreich: Ein Mann soll in einer beliebten Nazi-Bar provokante Freibad-Tattoos ganz offen zur Schau gestellt haben. Die Polizei will hart gegen den mutmaß-lichen Nichtnazi durchgreifen und weitere Fälle in Zukunft um jeden Preis verhindern.

BRAUNAU – Der Schock in der beschaulichen Kleinstadt Braunau am Inn sitzt tief. Im Zentrum herrscht gespenstische Stille, nie-mand traut sich auf die Straße. „Wir waren gestern Abend mit ein paar Freunden in unserer Stammbar Adi's Hittn. Von 19:33 Uhr bis 19:45 Uhr gibt es da eine Happy Hour mit minus 88 Prozent auf alle Getränke, ich hab einen Martini genommen, geführt, nicht gerührt", erklärt eine jahrelange Besucherin der Bar. Doch an diesem Abend sollte alles anders kommen.

Schnelles Eingreifen
Um kurz vor 20 Uhr betrat der unbekannte Täter Adi's Hittn. „Er ist mir gleich verdächtig vorgekommen, weil er keine SS-Uniform getra-gen hat. Und das am traditionellen SS-Montag", schildert der leiden-

schaftliche Storchenparty-Besucher Manfred H. die Ereignisse. Mehreren Zeugen fielen sofort die Tätowierungen auf, die Freibäder abbildeten. Die Gäste zeigten Zivilcourage und alarmierten die Polizei.

Die Besucher der Bar hatten Glück, dass sich die Braunauer Polizei wie jeden Tag auf ein Feierabendbier in der Nazi-Bar treffen wollte und somit sofort zur Stelle war. Der Mann wurde überwältigt und verhaftet. „So was Geschmackloses hab ich in 25 Dienstjahren noch nicht erlebt, null Toleranz gegen Freibad-Tattoos", erzählt der Polizist Leopold Hitlinger mit bebender Stimme.

Solidarität

Breite Teile der oberösterreichischen Gesellschaft solidarisieren sich nun. „Es waren auch Kinder in der Bar, die die schrecklichen Freibad-Tattoos des Mannes mit eigenen Augen ansehen mussten", sagt ein Passant kopfschüttelnd. Als Zeichen seiner Anteilnahme hat er seinen Hitlergruß heute auf halbmast gesetzt.

Lebensfreude, nackte Haut, Urlaubsfeeling – das sind Werte, vor denen die Gemeindemitarbeiterin Magda Gübbels ihre beiden Zwillinge Jörg und Herbert bewahren will. Unter Tränen legt sie einen bunten Blumenstrauß vor das Geburtshaus Hitlers. „Wir müssen die schreckliche Freibad-Vergangenheit endlich hinter uns lassen und nicht ständig alte Wunden aufreißen."

Langjährige Haftstrafe

Dem Unruhestifter aus Unterhaching drohen nun bis zu 25 Jahre Haft. „In Braunau ist es strafbar, wenn man eine öffentliche Einrichtung ohne klare Erkennbarkeit von mindestens drei Nazi-Tattoos betritt", erklärt der Bezirkshauptmann und zeigt uns seinen Oberarm. Neben einem Udo-Landbauer-Tattoo und dem Datum „08.10.1978" steht in Schriftgröße 73 „30.01.1933".

Als wir den Mann nach der Bedeutung der Tattoos fragen, beginnt er stark zu schwitzen. „An dem einen Tag haben die Nazis die Macht übernommen und an dem anderen habe ich meine Frau kennengelernt. Ich verwechsle das immer, haha."

Cool: Claudia Plakolm präsentiert die Jugendwörter 2023

Foto: Wikimedia / ÖVP Parlamentsklub

Ist ja „oberaffengeil"! Jugendstaatssekretärin Claudia Plakolm beweist, dass sie die Lebensrealität junger Menschen kennt. Sie präsentiert nun im Rahmen einer eigenen Studie die „angesagtesten" österreichischen Jugendwörter des Jahres 2023, die du unbedingt kennen musst, wenn du im Internat „cool" sein willst:

Grüß Gott (Cooler Gruß)
Und hobt's scho mittaggessn, jo? Jo? (lässig-lockerer Smalltalk mit den Großeltern)
Thujenhecke (Trendprodukt)
Yolo (You only Lebensversicherung once)
Bausparvertrag (trendiges Anlageprodukt, ähnlich wie Klimt-NFTs)
Wie stehen die Aktien? (coole Frage an Vermögensverwalter)
Erben (gegenwärtiges Hobby, kommt nach Sterben)
Raiffeisen – meine Bank (cooler Ausruf unter jungen Menschen beim Hauskauf)
Missionarsstellung (FSK 18 😳😂😅)
Mutter (jemand der gerne bügelt und kocht)

Vater (jemand der im Haushalt alles entscheiden darf)

Küche (angesagter Treffpunkt für junge Frauen)

Hecht geil (Ausdruck der Freude)

Hulapalu (poetische Umschreibung für heterosexuellen Geschlechtsverkehr)

Tigern Sie zum Löwen (lässiger, motivierender Spruch)

Versündig' dich nicht (hipper Spruch, um sich gegenseitig an den Herrgott zu erinnern)

Hexenverbrennung (kontroverse Tradition)

Unser Lagerhaus – Die Kraft fürs Land (cooler Jugendtreffpunkt)

Digger (Gerät zur Baugrubenaushebung eines Einfamilienhauses)

Normal (von Jugendikone Mikl-Leitner geprägter Begriff für Leute die Schnitzel essen, Autofahren und nicht schwul sind)

Auf lok (einfach mal crazy sein und Zugfahren, wenn das Auto in der Werkstatt ist)

Fly sein (als Bankkaufmann in der Volksbank arbeiten)

Bis baldrian (lässige Verabschiedungsformel)

Für Happy Hour-Shots: *Loco* kauft abgelaufene Impfdosen auf

Foto: Facebook (Screenshot)

Die Republik Österreich ist auf Millionen Corona-Impfdosen sitzen geblieben, die nun sukzessive ablaufen. Doch endlich gibt es Hoffnung auf eine sinnvolle Verwertung: Das *Loco* am Wiener Gürtel kauft ein großes Kontingent auf, um die Ampullen als Happy Hour-Shots auszuschenken.

WIEN – „Na Leute, was nehma", fragt Jonas, WU-Student (19), in die Runde. „Es gibt BionTech Birne, Moderna Melone, Johnson & Johannisbeer, oder was für die ganz Harten: Astrazeneca Apfel. Wer traut sich? Sechsmal Astra Apfel, bitte!"

Der Barkeeper lächelt: „In der ersten halben Stunde aber bitte sitzenbleiben, weil es kann zu Schwindel, Venenthrombosen, Kreislaufkollaps, Epilepsie oder Tod kommen, also eh ganz normal wie bei jedem Besuch im *Loco*." Mediziner:innen empfehlen, nach einer Nacht in der Kultbar für eine Woche das Bett zu hüten. Nicht selten führe die stickige, von Dior Sauvage verpestete Luft zu Blutgerinnseln – sogar bei kerngesunden, jungen Menschen.

Strenge Maskenpflicht

In der Bar herrscht laut Türsteher außerdem immer noch Maskenpflicht: „Auflage von der Behörde. Also Covid hamma besiegt, aber wir kämpfen seit Jahren mit ein paar Kinderkrankheiten im Lokal, nix Schlimmes … Marder-Magengrippe, Morbus Diabolis, Trampeltier-Tollwut, Esel-Ebola und so weiter, halt das Übliche."

Der Kellner hustet. „Die WHO wollt uns die Hittn schon mehrmals zusperren, aber die trauen sich nicht rein, die feigen Hund. Da fahren sie lieber nach Syrien", lacht er und setzt sich wieder seine Maske auf, nachdem er mit einem Gast geschmust hat. „Sorry, ich hab gerade Pinguin-Polio."

Vorsicht

Unter den Freunden von Jonas herrscht Skepsis. „Irgendwie bin ich einfach vorsichtig, das Zeug wurde ja kaum getestet und nur ein paar Milliarden Mal verabreicht", erklärt BOKU-Studentin Clara (18). „Wer weiß, was da wirklich drin ist. Ich glaub, ich trink lieber einen Shot Wodka Augenlichtoff um 30 Cent, ex oder Oaschloch, let's goooo!" Ob das die richtige Entscheidung war, wird sich zeigen.

Es ist eine weitere elektrisierende Partynacht im *Loco*. *Hey Brother* von Avicii dröhnt aus den Boxen, die Barkeeper servieren meterweise Impfshots. Vor dem Lokal laufen explosiv speibende Erstsemestrige in den Verkehr auf dem Währinger Gürtel. „Das ist ganz normal bei uns", lacht der Türsteher und schleift einen bewusstlosen Körper von der Fahrbahn.

Toxischer Nachschub

In einem dunklen Hinterzimmer übergibt Gesundheitsminister Johannes Rauch eine weitere Lieferung Impfdosen an das Personal. „500 Astra-Zeneca, 1000 Moderna und eine besondere Rarität: zehn Paletten Johnson & Johnson aus dem 2020er-Bestand, schon ganz trüb und orange, quasi der Naturwein der Lieferung", erklärt Rauch.

Vor der Bar gurgeln Jugendliche mit abgelaufenen Lead-Horizon-Testkits, manche rauchen die Teststäbchen. Ein junger Mann übergibt sich auf einen Test, ehe er vor der U6-Station Nußdorfer Straße zu Boden geht. Immerhin: Er war Corona-negativ.

Langsam wird der Himmel über der Währinger Straße lila, eine lange Partynacht neigt sich dem Ende zu. „Nach einer Feier im *Loco* hat man keine Angst mehr vor dem Sterben", stöhnt WU-Student Jonas und hält sich den dröhnenden Kopf. Zwei seiner Freunde verlassen das Lokal als Alkoholleichen. „Man hat Angst davor, weiterzuleben."

Liegt seit 5300 Jahren auf fauler Haut: FPÖ will türkischen Zuwanderer abschieben

Foto: C.Stadler/Bwag; CC-BY-SA-4.0

Wie eine DNA-Analyse zutage brachte, stammt der Eismensch Ötzi ursprünglich aus dem türkischen Anatolien. In der heimischen Politik gehen nun die Wogen hoch. Die FPÖ will den seit über als 5000 Jahren arbeitslosen Zuwanderer nun aus dem Museum holen und ihn noch diese Woche abschieben.

BOZEN/WIEN – FPÖ-Chef Herbert Kickl marschiert verärgert durch das Südtiroler Archäologiemuseum. Seit er erfahren musste, dass Ötzi eigentlich aus der heutigen Türkei stammt, fordert seine Partei ein rasches Eingreifen. „Weg mit ihm! Abschieben! Wo ist er? Dieser ungustiöse Urmensch, dieser türkische Tyrann, dieser überflüssige Ützi! Was hat er da im steinzeitlichen Lendenschurz? Ein gratis Nokia 3210 von der Caritas, typisch."

Laut neuen Studien sei der anatolische Ötzi damals im österreichischen Grenzgebiet gestorben, nachdem er einen mit Salmonellen verseuchten Kebab gegessen hat. Das Fleisch war davor mit dem AMA-Gütesiegel ausgezeichnet worden.

Kickl geht unter dem Türspalt eines Raumes durch, endlich steht er vor dem Urmensch, doch kurz zögert er: „Hafi? Bist du es?" Die Ähnlichkeit ist frappierend, doch eine Geruchsprobe ergibt, dass es sich nicht um Christian Hafenecker handelt. „Der würd mehr nach Schnitzel riechen."

Österreichisches Südtirol

Mehrere Museumswärter versuchen Kickl zu erklären, dass der Staat Österreich keinerlei Handhabe über Ötzi hat, der schließlich Italiener sei. Doch der blaue Parteichef lässt nicht locker und zeigt einen Screenshot von FPÖ-TV her. „Da, auf der Landkarte in unserem Logo, schaut's, Südtirol, gehört zu Österreich, ich hab's hier blau auf weiß. Sagt's das eurer Staatschefin, dieser mieselsüchtigen Melone!"

Auf die italienischen Faschisten in der Regierung in Rom sei laut Kickl kein Verlass. „Das sind alles in Wahrheit linke Undercover-Agentinnen, die dann privat mit Tiroler Sozialdemokraten herumgeschlechtsverkehren. Ekelhaft! Ein Herbert Kickl würde niemals mit irgendeiner Linken schmusen, das wäre absurd, unvorstellbar, abnormal!"

DNA-Analyse für alle

Kickl fordert nun eine DNA-Analyse für alle derzeit noch in Österreich lebenden Menschen. „Wir haben damit schon in Niederösterreich begonnen und sofort ein schwarzes Schaf erwischt. Ein Mann, der dem Steuerzahler auf der Tasche liegt, geistig auf dem Stand vor 5000 Jahren ist und sich als Österreicher ausgibt, obwohl er ein Perser ist, ein gewisser Udo Land … Ah, das muss ein Fehler sein, Pressekonferenz vorbei."

Aus aktuellem Anlass: Kurz studiert Jus fertig

Man lernt nicht für die Schule, sondern fürs Leben: Aus diesem Grund hat sich der freischaffende Global Strategist Sebastian Kurz nun dazu entschieden, sein Studium der Rechtswissenschaften am Juridicum fortzusetzen. Laut dem Ex-Kanzler sei nun der richtige Zeitpunkt gekommen, seine Kenntnis über juristische Abläufe zu vertiefen.

WIEN – Ein Geilomobil schleift sich am Campus-Parkplatz ein. Hinter dem Lenkrad schält sich ein wunderschöner junger Mann in blütenweißer Weste hervor. Sebastian Kurz ist heute der Erste in der Bibliothek des Juridicums.

Interessiert blättert der Ex-Kanzler in einem Manz-Buch über Strafrecht. „Aha, interessant, ein Gericht kann man nicht nur essen, dort werden auch Prozesse durchgeführt", sagt er und streicht mit einem türkisen Leuchtstift eine Stelle im Buch an. „Bezirksgericht, Landesgericht, Höchstgericht. Hoffentlich krieg ich ein Keto-Gericht." Hungrig reibt er sich den Bauch.

Kurz nimmt einen Schluck Kaffee. „Alibi? Bei aller Toleranz, so was brauch ich nicht. Wir haben bereits mehr als genug Einwanderer aus dem arabischen Raum ... Puh, wie lang dauert das Studium noch? Ich bin schon ur müde." Er blickt auf die Uhr. „Zwei Stunden gebüffelt, wie viel sind das umgerechnet in Semester? Vielleicht ruf ich doch die Aschbacher an und frag, wie viel das in Bratislava kostet."

Learning by doing

„Hoffentlich kann ich mir den Prozess im Oktober an mein Gerichts-jahr anrechnen lassen. Ich lern nicht so gut aus Büchern, ich bin mehr der praktische Typ, Learning-by-doing. Ich kann Gesetze viel besser verstehen, wenn ich sie erstmal gebrochen habe." Sein Stu-dienfreund Gernot Blümel nickt: „Tu vor Gericht einfach so tun, als wärst du dumm, obwohl du eigentlich ur schlau sein tust. Richter hassen diesen Trick", kichert er, während er in der Nase bohrt.

Der Kanzler selbst erfuhr erst aus den Medien, dass er sein Stu-dium abgebrochen hatte. „Das ist wieder einmal sehr bedenklich, Silberstein-Methoden des Rektorats, mit dem Ziel, mich anzupatzen, trotz 30 Zeugen, die mich entlasten. Ich freue mich schon auf die Prüfung, wenn ich die Vorwürfe gegen mich widerlegen kann."

Juristische Spitzfindigkeiten

Nach einem mehrstündigen Zwischenstopp beim Spritzerstand der Aktionsgemeinschaft stürmt Kurz in seine erste Vorlesung zum Thema Verfassungsrecht. „Ah so, die Verfassung ...", flüstert der Ex-Kanzler. „Ich hab leider wirklich keine Geduld für solche juristi-schen Spitzfindigkeiten." Er öffnet am Handy Candy Crush und legt die Beine auf den Tisch.

Am selben Abend noch schreddert Kurz seine Festplatte im Justiz-Clubbing im *Volksgarten*. Er prostet den 19-jährigen Studierenden zu, bevor er sich den fünften Dreh und Trink-Aperol in den Rachen leert. Plötzlich zieht ein Security Kurz aus der Gruppe: „Von dir brau-chat ich bitte einen Ausweis, du schaust zu jung, zu schön, zu intelli-gent aus." Kurz lächelt, er ist im Studentenleben angekommen: „Ich glaub, es kommt eine coole Zeit auf mich zu!"

Gewessler bietet lebenslanges Klimaticket für alle, die sich „Klimaticket" in Stirn ritzen lassen

Foto: Georges Schneider / picturedesk.com (M)

Nach dem Erfolg der Tattoo-Aktion am Frequency legt Klimaministerin Leonore Gewessler nach. Allen, die sich von ihr „Klimaticket" in die Stirn ritzen lassen, winkt ein kostenloses Klimaticket auf Lebenszeit. Das Interesse ist riesig.

WIEN – Beim Ö3 Frequency Festival wollte die Klimaministerin zeigen, dass sie den Kontakt zur Jugend nicht verloren hat – mit Erfolg. „Ja, okay, 90 Prozent der Männer wollten einen Reichsadler auf den Rücken, aber die sehen ja eh nicht, dass ich Ihnen heimlich eine Einhornmeerjungfrau in Regenbogenfarben draufgepeckt habe." Die Ministerin geht nun noch einen Schritt weiter. „Tätowieren ist was für Kinder, jetzt geh ma's richtig an."

Gewessler ritzt persönlich

Vor dem Büro der Ministerin hat sich am Vormittag bereits eine Schlange gebildet. „Hauptsache, ich werd nicht gegen Corona geimpft", murmelt ein Mann. „Keine Angst! Das tut mir jetzt mehr weh als dir. Es piekst nur ein bisschen, ich bin auch ganz vorsichtig", lacht Gewessler und schleift das Messer. Ein Teenager nimmt nervös Platz. „Aber bitte nur klein. Geht das?", fragt er. Gewessler schüttelt den Kopf: „Grün macht schön, und Schönheit muss bekanntlich leiden."

Eine andere Umsetzung sei aus organisatorischen Gründen nicht möglich. „Eine Klimaticket-App zu programmieren war leider zu kompliziert. Wir machen das Oldschool", lächelt die Ministerin und ritzt den ersten Buchstaben in die Haut des Teenagers.

Upgrades möglich

„Oh, du hast eine sehr hohe Stirn, da ist noch viel Platz, soll ich dir die Vorteilscard auch gleich dazu ritzen? Oder Interrail?" Der Teenager schwitzt, schüttelt den Kopf. „Vielleicht kauf ich mir doch lieber ein Auto?" Doch es ist zu spät. Auf seinem Kopf steht bereits „TICK". Gewessler beruhigt ihn. „Schau, wenn's damit raus gehst, glauben alle, du bist ein Trottel. Ziehen wir's durch, oder?"

Das vernarbte Gewebe macht Teilnehmende für den Rest ihres Lebens zu Werbeträgern der grünen Errungenschaft. „Außerdem braucht der Schaffner jetzt nicht mehr nach dem Ticket zu fragen, sondern er sieht es gleich im Gesicht." In einem nächsten Schritt sollen deshalb bis 2027 alle ÖBB-Schaffner Lesen lernen.

Der Prozess des Einritzens ist in der Politik nicht neu und keine Erfindung der Grünen. „Wir machen das schon seit Jahren in der Partei", erklärt FPÖ-Politiker Dominik Nepp. „Wir ritzen uns die Wange, damit die anderen sofort erkennen, wer noch Jungfrau ist."

Geschafft

Wenige Minuten später hat es der Teenager geschafft. Auf seiner Stirn prangt nun in großen Lettern „KLIMATICKET". Gewessler überreicht ihm zur Belohnung sein Platinum-Klimaticket. „Aber was, wenn der Kickl das Klimaticket 2024 wieder abschafft?", fragt der Teenager. Gewessler lacht: „Keine Sorge! Dann kommst wieder, und ich streich den Schriftzug kostenlos durch."

Alle Petunien ruiniert: Prigoschins Flieger landet genau in Garten von Kneissl

Foto: Andy Wenzel/BKA (Montage)

Ärger im Paradies! Der abstürzende Flieger mit Jewgeni Prigoschin an Bord landete ausgerechnet im Garten von Ex-Außenministerin Karin Kneissl. Sie erhebt nun schwere Vorwürfe gegen Wladimir Putin: Denn durch die Explosion wurden ihre geliebten Petunien und das ruhige Landleben zerstört.

RJASAN, RUSSLAND – Bisher lebte Karin Kneissl in ihrem russischen Dorf in der perfekten Idylle. Mehr als zwei verschiedene Kartoffelsorten, alle fünf Wochen gibt es für drei Stunden Strom, und das nächste Krankenhaus ist nur zwei Zeitzonen entfernt. Doch gestern Abend der Schock: Ein Flugzeug inklusive Leichenteile regnete von oben herab – genau in den Garten der Ex-Ministerin.

„Gewalt hatten wir hier noch nie. Also ja, der alkoholkranke Nachbar da drüben hat seine Mutter erdrosselt, und da hinten der Bauer hat vierzehn zerteilte Menschen im Kühlschrank. Aber so was? Das ist eine neue Dimension." Kneissl wischt sich Tränen der Betroffenheit aus dem Gesicht. „Dass man so grausam mit einer politischen Verfolgten umgeht. Habe ich nicht schon genug durchmachen müssen?"

Enttäuscht von ihrem Wladi

Die frühere Politikerin ist verärgert. „Spinnst du???? MEINE PETUNIEN?????? Alles hin. 40 Millarden Rubel, immerhin 12 Euro, beim Ноя́нбach! Das zahlst du!!!", schreibt sie an Putin. Der russische Machthaber liest die Chatnachricht, beantwortet sie aber nicht, genauso wie alle anderen 51.402 Kneissl-Nachrichten davor. „Wladi, ich weiß, dass du das liest! Mein Garten ist doch bitte kein ukrainisches Krankenhaus!"

Wütend wühlt Kneissl mit einem abgerissenen Arm, den sie aus dem Wrack gefischt hat, im Schutt herum. „Vielleicht kann ich ja wenigstens noch die Tulpen retten. Ach herrje! Und die Petersilie. Ob die nächstes Jahr wiederkommt? Es ist eine einzige Katastrophe." Betroffen schlägt sie sich die fremde Hand vors Gesicht.

Ärger im Paradies

Kneissl ist wütend, ihre Geduld am Ende: „Der Wladi kann einfach seine Gefühle nicht kommunizieren. Anstatt dass er sagt: Du, Karin, das und das stört mich in unserer Beziehung. Können wir das ändern? Können wir daran arbeiten?, frisst er seinen ganzen Frust in sich hinein, bis er durchdreht und mir den Jewgeni über meinem Garten abschießt. Mitten auf meine Blumen! Weiß er überhaupt, wie mich das verletzt?"

Wegziehen kommt für die Globetrotterin allerdings nicht in Frage. „Ich habe die ganze Welt bereist, überall gelebt, in Südfrankreich, im beschaulichen Libanon, sogar im umkämpften Niederösterreich. Aber hier bin ich angekommen", lächelt sie und greift in einen Topf Eselkot, den sie sich dann als Conditioner in die Haare schmiert. „Es ist dieses einfache Leben, das einen erdet. Kein Stress, keine Autos, kein Computer, keine Zeitungen, keine Demokratie, keine Kanalisation."

Putin reagiert

Im Kreml gibt man sich zugeknöpft. „Ich habe einmal mit dieser Karin getanzt, seitdem bildet sie sich irgendwas ein", erklärt Wladimir Putin. „Aber ich bin ein Adler, ich brauch nun mal meine Freiheit ..."

Nervös schielt er auf sein Handy, sieben neue Nachrichten sind bereits eingelangt. „Außerdem kann ich nichts dafür, wenn dieser Prigoschin im Flugzeug sein Handy aufdreht. Jeder weiß doch, dass die Maschine dann sofort abstürzt", lächelt der Präsident.

Putins Handy hört nicht auf zu vibrieren. In der Sitzung des Nationalen Sicherheitsrats der russischen Föderation herrscht peinliches Schweigen. Alle starren den Präsidenten an. Putin seufzt, entsperrt sein Handy und antwortet mit einem 😘-Emoji. Kneissl schickt drei 😘💋-Emojis zurück und schreibt: „Verzeih mir, dass ich so überreagiert hab, Wladi! Sind wir wieder gut?" Putin atmet erleichtert auf: Eine weitere Bedrohung wurde abgewendet.

109 Jahre nach Schussverletzung: Franz Ferdinand bekommt endlich MRT-Termin im AKH

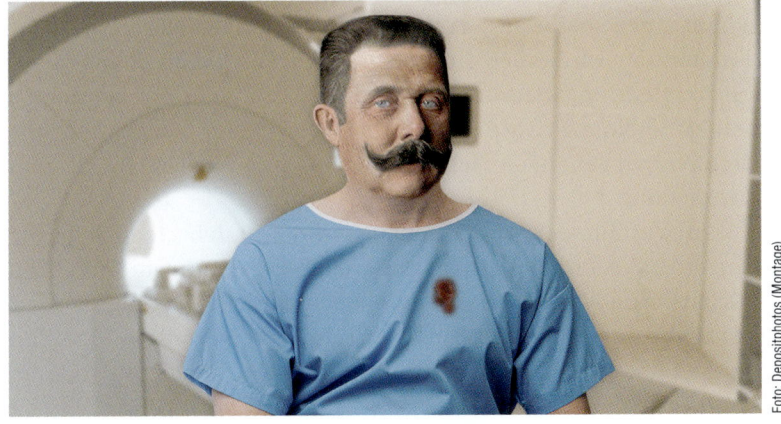

Foto: Depositphotos (Montage)

Seit dem 28. Juni 1914 wartet Franz Ferdinand von Österreich-Este, Thronfolger von Österreich-Ungarn, auf einen MRT-Termin am Wiener AKH wegen einer Schussverletzung. 109 Jahre später ist es heute endlich so weit: Der Adelige darf seinen Termin in der Radiologie des Krankenhauses wahrnehmen.

WIEN – „Er schaut nicht gut aus, so blass, hoffentlich hat sich nicht was entzündet", sorgt sich eine Verwandte von Franz Ferdinand und schiebt den Verwundeten ins Wartezimmer. „Zweite Röhre bitte!“, schreien mehrere verzweifelte Patienten. Nach nur fünf Stunden Wartezeit holen zwei Pfleger den angeschossenen Thronfolger endlich zum MRT, schieben ihn in die Röhre. Die Magnetstrahlung reißt ihm das Projektil und ein Nippelpiercing aus dem Körper, doch Franz Ferdinand verzieht keine Miene.

„Wos steht auf der Überweisung? Attentat in Sarajevo? Na geh, wos fohrns do überhaupt hin? Bleiben's do, bei uns is a sche. Nach dem Urlaub kommen immer alle mit ihre Wehwehchen. So, und jetzt ned bewegen, kapiert? Sonst derfen's in 109 Jahren wieder kommen mit am neichen Termin“, erklärt einer. „Ah, ich seh, Sie sind eh privat versichert, dann dauert's nur 108 Jahre.“

Untersuchung

Schließlich tritt Arzt Dr. Marius Carhaun zur Befundbesprechung ein. „So, dann schauma mal, Herr Habsburg … Die Schussverletzung ist noch ned wirklich verheilt, das Gewebe rundherum schaut a ned so gut aus, es würd eigentlich nur mehr etwa 20 Sekunden dauern, bis ich Ihnen sagen kann, was Sie machen sollen zur Heilung, aber die Zeit hab ich nicht. Vielleicht kommen'S amal in meiner Privatpraxis vorbei? Die Lippe müssten wir uns auch einmal genauer anschauen. Danke und Wiederschauen. Der Nächste bitte!“

Dann ruft ihn der Arzt doch noch einmal zu sich. „Ich seh da, Sie waren 1978 schon bei einem anderen Arzt? Erst nach 110 Jahren dürfen Sie zu einem zweiten gehen, das müss ma jetzt mit der Versicherung ausschnapsen. Sie machen mir da an Haufen Arbeit an einem Freitag“, seufzt Dr. Carhaun und zieht sich sein „Golfclub Attersee“-Polo wieder aus.

Lange Wartezeiten

Franz Ferdinand ist nicht der einzige Patient, der unter den langen Wartezeiten in Österreich leidet. Im Warteraum der Gruppenpraxis wartet ein verunglückter Wanderer. „Verdacht auf Sehnenscheidenentzündung“, murmelt Ötzi. Seit 5300 Jahren wartet er auf den Termin. Er verschwindet kurz aufs Klo. Als er wiederkommt, wurde jemand anderer vorgereiht. „Sorry“, lächelt die Assistentin. „Kommen'S einfach in zwei oder drei Eiszeiten wieder.“

Auch Richard Lugner blättert gelangweilt durch eine Autorevue. Er hat sich im Jahre 1446 auf einem Mittelalter-Ball mit der Beulenpest angesteckt und seither keinen Termin bekommen.

Keine Zwei-Klassen-Medizin

Die Ärztekammer verteidigt die langen Wartezeiten. „Im medizinischen Bereich ist Panik unangebracht, die Vorwürfe einer Zwei-Klassen-Medizin völlig haltlos und veraltet. Wir haben mindestens schon fünf bis sechs Klassen, angefangen bei unseren privatversicherten Premium-Kunden mit der Platinum e-card, bis hin zu den Proleten, die wir zu einem Besuch von netdoktor.at motivieren."

REDAKTION   28. August 2023

Justizskandal: FPÖ scheitert mit einstweiliger Verfügung gegen *Tagespresse*-Schmierfinken

Foto: Georges Schneider / picturedesk.com (M)

Ein Justizskandal erschüttert das Land: Die patriotische Heimatpartei FPÖ scheitert mit ihrer einstweiligen Verfügung gegen die linksgrünversifften TAGESPRESSE-Schmierfinken. Sowohl das Wiener Handels-, als auch das Oberlandesgericht weisen den

Antrag ab. Nun wandern 2207 Euro von der FPÖ in die Kaffee-kassa der TAGESPRESSE, die das Geld wohl in ausländische Haschgiftspritzen investieren wird. Danke, Udo!

Nach der nestbeschmutzerischen Wirtshausprämienaktion der Lügenjournalisten der **TAGESPRESSE** reichte die FPÖ nicht nur eine Klage ein, sondern auch einen Antrag auf einstweilige Verfügung. Dieser Antrag wird vorab im sogenannten Provisionalverfahren behandelt, bevor über die eigentliche Klage entschieden wird.

In ihrem Antrag warnte die FPÖ vor uns zurecht als urkundenfälschende, brandschatzende und hochkriminelle Serienstraftäter jenseits von Gut und Böse, die das gelobte Land Niederösterreich mit „Hunderttausenden" betrügerischen Schriften überziehen und damit das Ende der Zivilisation einläuten, oder noch schlimmer – das Wirtshaussterben im Alleingang vorantreiben.

Die letzte Hoffnung unserer schönen Republik ist eine einstweilige Verfügung, die uns die Verwendung des wunderschönen FPÖ-Logos für künftige linksversiffte Rufmordanschläge verbietet. Wir hofften, dass die FPÖ uns endlich vor uns selbst rettet.

Gefahr im Verzug

Für einen erfolgreichen Antrag auf einstweilige Verfügung fordert die Kuscheljustiz aber eine Begründung, weshalb Schriften mit schwer rufschädigenden Inhalten wie „Gabalier-Laberl" zu einer akuten Gefährdungslage führen.

Völlig überraschend konnte die FPÖ dem Handelsgericht nicht überzeugend darlegen, wieso besagte 500 Briefe an Wirtshäuser, die tags darauf als Satire aufgelöst wurden, zu einem massiven Stimmenverlust bei der nächsten Wahl führen. Ein Skandal! Quo Vadis Rechtsstaat!

Das offenbar von der **TAGESPRESSE** gekaufte Gericht stellte außerdem fest, dass die FPÖ nur einen einzigen Beschwerdebrief eines betroffenen Wirtshauses vorlegen konnte. Aber reicht denn nicht schon ein einziger Fake-Brief, um die Demokratie im Lande auszuhöhlen und die FPÖ-Wählerschaft aus Angst vor mittelrohen Fleischschnitten und knusprigen Andreas-Hofer-Schnitzeln in Scharen aus Niederösterreich zu vertreiben?

Genau diese nicht dargelegte Gefährdungslage veranlasste das Handelsgericht zu einer Abweisung des Antrags. Doch die FPÖ NÖ ließ sich davon nicht unterkriegen. Was kostet die Welt? Auf zum Oberlandesgericht – mit einem Rekurs!

Der nun vor einigen Tagen ebenfalls abgewiesen wurde …

Nun muss die FPÖ uns die bisher entstandenen Kosten von 2207 Euro ersetzen, und zwar innerhalb von 14, äh, mittlerweile nur mehr neun Tagen. Zusätzlich trägt sie ihre eigenen Anwalts- sowie die Verfahrenskosten.

Null-Risiko-Wette
Am Papier steht der FPÖ NÖ noch der Weg zur allerhöchsten Instanz des Landes offen: der *Kronen Zeitung*, dem Obersten Gerichtshof. Das verursacht aber Mehrkosten im vier- bis fünfstelligen Bereich und ist völlig aussichtslos. Kein normaler Mensch würde solche Geldmengen unnötig verpulvern ….

… außer natürlich, das Geld gehört wem anderen.

Die FPÖ kündigte vor wenigen Tagen medial an, sich nicht unterkriegen zu lassen und das Provisiorialverfahren bis vor den OGH zu schleppen. Das ist nur auf den ersten Blick unlogisch und extrem dumm, bei genauerer Betrachtung aber schlüssig: Wieso sollte die FPÖ auch nicht jeden noch so aussichtslosen Weg begehen?

Entweder, sie gewinnen – dann zahlen wir. Oder sie verlieren – dann zahlen, na ja, wir alle.

Weder Parteichef Udo Landbauer, noch Landesgeschäftsführer Andreas Spanring, müssen mit ihrem hart erarbeiteten Privatvermögen für irgendwelche Prozesskosten geradestehen, die durch ihren juristischen Amoklauf entstehen. Auch nicht Herbert Kickl, der der Klage wohl seinen Segen erteilt hat, denn wir haben in der Klageschrift ein schwarzes Ponyhaar gefunden …

Alle Ausgaben werden nämlich, Dank sei Gott dem Herrn, durch die üppige Parteienförderung gedeckt. Geld, das von uns allen kommt. Um unsere Elite abzusichern, eine Null-Risiko-Wette der tapferen Mächtigen da oben in der FPÖ, die dadurch zum Glück auch ihre in der Privatwirtschaft nicht vermittelbaren Parteianwälte finanziell durchfüttern können.

Fast nix ist fix

Derweil warten wir auf die Einleitung des Hauptverfahrens. Fix ist bisher nur, dass nix fix ist, außer, dass die ganze Sache von der FPÖ wohl bis nach Strasbourg, nach Den Haag, ja bis zum Jüngsten Gericht durchexerziert wird. Bis dahin vertrauen wir aber weiterhin in die laut FPÖ „linksversiffte Lügenjustiz" hierzulande, die unsere unter dem Deckmantel der Satire verbreiteten Lügen hoffentlich deckt.

PS: Udo, falls du das liest, unsere IBAN lautet AT04 2011 1829 5925 6300, du hast Zeit bis zum 6. September, sonst kommt der Exekutor und pfändet dein Liederbuch.

LEBEN   29. August 2023

„Bitte ned noch mehr Leut!": Aliens landen ausgerechnet in Hallstatt

Foto: C. Stadler/Bwag (M)

Heute Vormittag landeten erstmals Aliens auf der Erde – und das ausgerechnet in dem ohnehin schon überlaufenen Hallstatt im Salzkammergut. Kann die Gemeinde die Besucherinnen und

Besucher vom Planeten RUdix45Zuu noch verkraften? Und wie viel Ortstaxe pro Kopf kann man von einem vierköpfigen Wesen eigentlich verlangen? Ein Lokalaugenschein.

HALLSTATT – Früh morgens. Die Sonne geht auf, 859.000 chinesische Touristinnen und Touristen zwängen sich in ihren 100-Euro Miet-Dirndln durch den 859-Einwohner-Ort. Am Busparkplatz kommen bei einer Schießerei um den letzten freien Parkplatz sieben Chauffeure ums Leben. Ein einheimischer Landwirt schafft es erstmals seit 1978, die stark befahrene Straße zu überqueren, und seine Ehefrau wiederzusehen. Es ist ein ganz normaler Tag in der, laut Reiseführer, „idyllischen und beschaulichen Perle des Salzkammergutes".

Doch dann der Schock. Zehntausende UFOs tauchen aus den Wolken auf und landen im Gemeindegebiet. „Na super, a extraterrestrische UFO-Invasion, in meiner Schicht, und kana von de Spezialisten hat an Parkschein", seufzt Dorfpolizistin Sylvia Herbst. „Dabei wollt i heit früher Dienstschluss machen."

Erster Kontakt

Die Luken öffnen sich, Aliens strömen heraus. „Wir kommen in Frieden", surrt der erste Außerirdische, der den Boden der Erde betritt. „Habt's überhaupt reserviert?", fragt ein Hotelbesitzer harsch. „I hob bis November 2024 nix mehr frei für so a Invasion." Es sind die ersten Worte eines Menschen an einen Alien, sie werden für immer in die Geschichtsbücher eingehen.

Der Hotelier begutachtet das vierköpfige Alien. „Einzelzimmerpreis wird's sowieso ned spielen für dich. Jeder Schädel zahlt extra, macht viermal 250 Euro die Nacht, du schircher Vogel du." Es ist diese hemdsärmelige, schmähvolle Art, die ausländische Touristen so an Österreich schätzen.

Missfallen bei Bevölkerung

In Hallstatt selbst sieht man die Alieninvasion mit gemischten Gefühlen. „Müssen wir da aus fernen Galaxien irgendwelche Leute herankarren? Was haben die bitte für einen CO_2 Klauenabdruck? Hamma keine hiesigen österreichischen Aliens?", fragt Souvenirshopbesitzer Georg Lichtenegger und verkauft einem Alien eine Packung Mozartkugeln. Der Außerirdische bezahlt mit einem extraterrestrischen Goldbarren im Wert von knapp 50.000 Euro. „Und wie zahlen Sie die restlichen 10.000?"

Kompromiss

Nun mischt sich auch die Politik ein. „Wir arbeiten an einem Kompromiss, um die Interessen von Besuchern und Einheimischen zu balancieren", erklärt Oberösterreichs Landeshauptmann Thomas Stelzer. „Aliens dürfen ihr Geld einfach direkt an uns überweisen und daheimbleiben. Wir schicken ihnen dann eine Postkarte."

Um den Übertourismus einzugrenzen, wurde den Aliens auch eine alternative Unterkunft in Attnang-Puchheim angeboten, woraufhin 12.000 Außerirdische sofort wieder ins All in ein schwarzes Loch verschwanden.

Überstürzte Abreise

Doch dann herrscht Aufregung, alle UFOs starten wieder und schweben davon. „Das is ja ur hässlich da, so alt, abgefuckt und die Leute so unfreundlich", schreit ein Alien. „Eine billige Kopie! Los, ab zum echten Hallstatt." Die Besucher stürmen zurück in ihre Raumschiffe und verlassen den Ort Richtung China.

Damit man sie in Ruhe lässt: Klimakleber demonstrieren nur noch mit Galgen

Foto: Letzte Generation (Fotomontage)

Die Teichtmeister-Demo hat auch die Klimakleber inspiriert. Ab sofort treten diese bei Protesten nur noch mit einem Galgen auf. So wollen sie sicherstellen, dass sie unbehelligt von Öffentlichkeit, Behörden und Politik von ihrem Demonstrationsrecht Gebrauch machen können.

WIEN – Am Gürtel steht der Verkehr wieder still, die Polizei schreitet zur Tat. „Manfred, wart!", schreit ein Polizist und hält seinen Kollegen zurück, der gerade einen schreienden Klimaaktivisten unter einen Polizeibus zerrt. „Schau mal!" Er deutet auf den mitgebrachten Galgen. Autofahrer hupen fröhlich. Der Polizist entschuldigt sich bei dem Klimakleber und hilft ihm auf die Beine.

„Nächstes Mal den Galgen sichtbarer positionieren, ja? Damit wir wissen, dass hier keine gemeingefährlichen Öko-Terroristen demonstrieren, sondern ganz normale Menschen wie du und ich. Übrigens, sind das 20er-Senkkopf-Schrauben da bei der Querverstrebung? Da brauchst 40er, mit denen hab ich meinen Nehammer-Galgen für die Corona-Demo auch zsam'gschustert."

Kunstwerk

Doch ist ein Galgen mitten in der Stadt im 21. Jahrhundert nicht eine Todesdrohung? „Öh, äh, na ja … nein, der Galgen soll die Schwere des Verbrechens gegen unser Klima friedlich symbolisieren", lacht ein Klimakleber ins ORF-Mikrofon. „Nein, nein, da soll niemand aufgehängt werden! Wie kommen Sie denn auf so was Absurdes?! Nur weil da steht ‚Hängt sie höher'?" Die Journalisten nicken erleichtert und weichen respektvoll zurück, um den Blick auf das Kunstwerk nicht zu verstellen.

Neue Taktik

„Aufs Schafott mit dem OMV-Chef", skandiert eine 13-Jährige in ihr pinkes Paw-Patrol-Megaphon, während sie bedrohlich am Galgen rüttelt. „Friede, Freiheit, hängt's die pädophilen Öl-CEOs auf die Eier auf", schreit der 14-jährige Jonas. Ein Polizist zeigt mit dem Daumen nach oben.

Die neue Taktik scheint Wirkung zu zeigen. „Seitdem ich das Butterfly-Messer und die Reichskriegsflagge mit mir rumtrage, ist keiner in meiner Gruppe von einem Lkw-Fahrer überfahren worden", freut sich Schülerin Tamara aus Langenlois. „Außerdem haben wir so erstmals einige Polizisten von unserem Anliegen überzeugt." Tamara zeigt auf den Einsatzleiter, der sich neben dem Galgen angeklebt hat.

Auch die Autofahrer zeigen nun mehr Verständnis. „Die haben Mordfantasien genauso wie ich, wie könnte ich sie da überfahren", erklärt Karl (61) aus dem Fenster seines BMW X7. „Auch wenn es mich natürlich im Fuß juckt, so richtig aufs Gas zu steigen und die Gschroppn zu zermalmen, weil ich 20 Minuten im Stau stehen muss. Aber überfahr ich halt einfach später ‚versehentlich' die Katze vom Nachbarn."

Unterstützung von Politik

Bundeskanzler Karl Nehammer stellt auf Nachfrage klar: „Das ist alles von der Versammlungsfreiheit gedeckt. Auch die Wortwahl wie ‚aufs Schafott' oder ‚auf die Eier aufhängen' ist eine milieubedingte Unmutsäußerung, im Prinzip sag ich in der Mittagspause nix anderes über die Grünen."

Der niederösterreichische Landeshauptmann Johanna Mikl-Leitner, der bisher härtere Strafen für Klimakleber forderte, ändert seine Position ebenfalls: „Unsere Jugend ist normaler, als ich gedacht habe. Ich würde auch gern wieder die Todesstrafe einführen und in St. Pölten einen Galgen aufstellen." Aber nur als Bestrafung für „besonders schwere Delikte" wie Ladendiebstahl im Lagerhaus, leichte Sachbeschädigung einer Raiffeisenfiliale oder öffentliches Radfahren über einen Kreisverkehr.

LEBEN   X. September 2023

„Kurz"-Film: Kritische Filmkritik von Sebastian Kurz

Foto: Pongo Film, Estonian EU Presidency (M)

Ein neuer Blockbuster stellt alle bisherigen Filme in den Schatten. Der österreichische Kinofilm „Kurz" zeigt ein fleißiges Genie, einen Staatsmann von Welt, einen Gönner, der für die Probleme der Menschen immer ein offenes Ohr hat. Noch nie zuvor hat mich ein Film so sehr berührt. Eine sehr kritische Kritik von Sebastian Kurz über Sebastian Kurz.

Sie kennen mich, nichts bringt mich so schnell aus der Ruhe, für die ich bekannt bin. Sie können meine Überraschung aber bestimmt nachempfinden, als ich aus den Medien erfuhr, dass ein Film in die

Kinos kommt – über mich! An dem ich anscheinend sogar mitgewirkt habe! Da war ich gleich ganz Ohr.

Warum ein Film über mich? Wie Sie wissen, bin ich ein Mensch. Ein Mensch wie Sie und ich, wie ich gern sage. Und als einzelner Mensch kann ich natürlich nicht immer und überall für die Menschen da sein. Aber in einem Kino bin ich gleichzeitig für ganz viele Menschen in ganz Österreich da. Diese Vorstellung ist wunderschön, finden Sie nicht auch?

Als aufopferungsvoller Familienvater komme ich leider so selten dazu, ins Kino zu gehen. Jedes vierte Wochenende verbringe ich eine halbe Stunde mit meiner Familie, um mit meinem Kind zu networken. Wer weiß, was aus dem mal wird, bei so einem wichtigen Vater. Das frisst enorm viel Zeit, die ich aber bereit bin zu investieren. Kinder sind die Zukunft unseres schönen Landes.

Deshalb sind mir alle Kinder in Österreich sehr wichtig. Vielleicht wissen Sie es ja noch gar nicht: Selbst ich war einmal ein Kind, auch wenn man es mir nicht ansieht. Diese Erfahrung hat mich sehr geprägt und meinen Blick auf Kinder verändert.

Packende Handlung

Der Film handelt von einem sehr talentierten jungen Mann aus dem schönen Waldviertel, der problemlos einen sehr gut bezahlten Job in der Privatwirtschaft haben könnte. Aber stattdessen engagiert er sich fast pro bono für sein Land und seine Leute. Dafür wird er von Linken kritisiert, mit Silberstein-Methoden verfolgt und von einer unterwanderten Staatsanwaltschaft gejagt. Aber die Menschen durchschauen dieses böse Spiel. Sie haben genug vom gegenseitigen Anpatzen und schenken dem Mann ihre Stimme, ihr Vertrauen, ihr Herz. Kann er sich gegen die dunklen Mächte der linken Justiz zur Wehr setzen?

Das verrate ich Ihnen natürlich nicht, sonst spoiler ich Ihnen ja Ihren unvergesslichen Filmabend :) Nur so viel: Es wird ohne hässliche Bilder gehen.

Meine Neider zerreißen sich natürlich wieder das Maul: Beteiligte fühlten sich übers Ohr gehauen, die Finanzierung ist völlig unklar, im Mittelpunkt stünde nur ich. Mit Verlaub, diese Vorwürfe kann man jedem türkisen Projekt machen. Sie sind an den Ohren herbeigezogen.

Resümee

Wie ich aus vielen unabhängigen Umfragen weiß, haben die Menschen den Film sehr berührend gefunden. Das berührt auch mich sehr. Die Wertung von 14,9 auf IMDB bestärkt mich. Danke dafür. Es ist Zeit für ein neues Kino.

Gerüchte über ein IMDB-Beinschab-Tool sind nichts weiter als Silberstein-Methoden. Zum Vergleich: Der Film von Reinhold Mitterlehner, *Django Unchained*, erreicht auf IMDB nur eine Wertung von 8,5. Das ist deutlich weniger als 14,9. Natürlich ist ein Film ein Kunstwerk, und es geht mir hier nicht um eine Wertung oder einen Vergleich.

Ich selbst besuche ab sofort täglich rund um die Uhr in ganz Österreich Vorstellungen dieses Films und werde vielleicht schon bald auch Sie persönlich fragen, ob Sie schon Popcorn gegessen haben. Und wer weiß, bestimmt wird schon bald jeder jemanden kennen, der den „Kurz"-Film gesehen hat.

Wertung: 10/10 Geilomobile

Bezahlte Anzeige des Bundesministeriums für Finanzen

Nach Kritik von Selmayr: Nehammer will Blutgeld in Verfassung verankern

Foto: BKA / Florian Schrötter (M)

Mit einer verbalen Entgleisung sorgt EU-Botschafter Martin Selmayr für Aufregung: Er bezeichnete die sieben Milliarden Euro, die Österreich seit Kriegsbeginn an das russische Regime überwiesen hat, als „Blutgeld". Die Regierung lässt das nicht auf sich sitzen und will das Recht auf Blutgeld nun in der Verfassung verankern.

WIEN – „Jetzt kann sich der Herr Selmayr was anhören. Bei welcher links-kommunistischen Partei ist der denn überhaupt?", zeigt sich Bundeskanzler Karl Nehammer wütend. „CDU? ‚Communist Dictator Union'? Das überrascht mich leider nicht."

Bevor Selmayer und die EU einschreiten können, will der Kanzler noch die vierte Säule der Republik retten: das Blutgeld. Dieses soll in die Verfassung aufgenommen werden. Während seiner Stellungnahme wechselt Nehammer immer wieder auf fließendes, akzentfreies Russisch.

Blutgeld systemrelevant

„Blutgeld bildet das Rückgrat unseres rotweißroten Wirtschaftsmotors, wobei man vielleicht nicht von Rückgrat sprechen kann, wenn man keines hat, haha, und Motor ist vielleicht auch der falsche Begriff. Nennen wir es unseren rotweißroten Wirtschaftsrollator."

Auch Außenminister Alexander Schallenberg zeigt sich empört. „Lasst uns und das Blutgeld erst einmal arbeiten. Man wird uns an unseren Taten messen müssen", erklärt er in einer gemeinsamen Aussendung mit dem Taliban-Chef, der Selmayr ebenfalls zur Mäßigung aufruft.

Opposition schäumt

Der FPÖ gehen die Reaktionen nicht weit genug. „Selmayr hat mit seinem problematischen Pressestatement die Gefühle vieler rechtschaffener Russinnen und Russen verletzt. Wo bleibt hier die Sprachpolizei?", erklärt Herbert Kickl, der Chef der staatstragenden Systempartei. „Selmayr muss für seine politisch inkorrekte Wortwahl sofort gecancelt werden!"

Unterstützung bekommt Kickl von dem renommierten Journalisten Christian Wehrschütz (ORF, FPÖ-TV): „Blutgeld? Das ist doch lächerlich. Ich sehe in der sehr korrupten USAkraine ausschließlich Aggressionen gegen Russland, außerdem ist die Ukraine laut meinen Quellen schuld an dem heißen Sommer, der Inflation und meinen bestialischen Blähungen, die mich täglich heimsuchen, obwohl ich meine Ernährung bereits auf eine reine Bohnendiät umgestellt habe, so wie mir das ein Tiktok-Account namens ‚Hausarzt' mit drei Followern empfohlen hat."

Strenge Buchführung

Nehammer präsentiert Belege von Wladimir Putin. „Da schaun's her, mit dem Geld, was wir ihm letzte Woche überwiesen haben, hat er ausschließlich harmlose Einkäufe getätigt, die teilweise auch direkt Österreich zugutekommen. Putin hat zum Beispiel am Mittwoch in Moskau ein Wiener Schnitzel bestellt und gestern neue Drohnenmotoren aus Gunskirchen in Oberösterreich, und dann noch ein kleines Chalet in Kitzbühel."

Doch der Bundeskanzler zeigt sich offen in punkto Zahlungsmodalitäten. „Wir bieten auch ‚Blutdiamanten', ‚Blut-Apple-Pay' und ‚Blut-Sumsi-Bausparer' für Jugendliche."

Den Vorwurf, Österreich finanziere den russischen Staatsterror, will sich Bundeskanzler Nehammer daher nicht länger gefallen lassen. „Wir haben mit Russland nichts zu tun, und dieser Herr Selmayr soll aufpassen, was er sagt. Nicht, dass irgendwo zufällig mal wo ein Fenster offen steht …" Zum Abschluss der Pressekonferenz salutiert Nehammer vor der russischen Flagge und ext neun Flaschen Eristoff Ice.

Zu unangenehme Wahrheit

Wie ist die scharfe Reaktion auf Selmayrs Tatsachenfeststellung zu erklären? „Für unangenehme Wahrheiten gibt es in Österreich nur einen richtigen Ort und eine richtige Zeit", erklärt Peter Filzmaier, der einzige Mensch mit abgeschlossenem Studium in Politikwissenschaften. „Und zwar 60 Jahre später um 23:30 Uhr auf ORF III … aus dem Mund eines 80-jährigen Historikers … für ein Publikum, bestehend aus einem dementen Greis, vier Wachkomapatienten und siebzehn Leichen, die mit weit aufgerissenen Augen vor dem Fernseher sitzen und noch nicht entdeckt wurden."

REDAKTION   11. September 2023

Shopping-Guide: Sparen Sie Geld und fliegen Sie zum Einkaufen in die Schweiz

Foto: Alexis Hüller, Die Tagespresse

Sie glauben, 99 Cent für einen Gösser Radler in Berlin sei günstig? Dann machen Sie sich jetzt auf Schweizer Preise gefasst: Ein Laib Ölz Toast kostet in einem Supermarkt in Bern 2,20 CHF oder umgerechnet 2,30 EUR. In einem Billa mitten in Wien zahlen Sie für exakt dasselbe Produkt 3,55 EUR.

Neun Stunden Fahrt und 1,25 EUR Preisunterschied für einen Ölz Toast trennen Wien und Bern. Das bedeutet, der Toast ist in Österreich um stolze 54 Prozent teurer als in der Schweiz. Wie ist das möglich?

Alexis Hüller

Selbst nach Berücksichtigung der geringeren Mehrwertsteuer in der Schweiz bleiben immer noch 43 Prozent Preisdifferenz. (Anm.: Die höhere Mehrwertsteuer muss natürlich sein. Schließlich zahlen sich die Inserate und die Medienförderung für den *Exxpress* nicht von selbst.)

Kompliziert

Bevor Sie jetzt reflexartig auf die bösen, gierigen Handelsriesen hinhauen: So einfach ist die Sache nicht. In einem so riesigen Land wie der Schweiz ist der Markt natürlich viel, viel größer als im kleinen Österreich, wodurch niedrigere Einkaufspreise erzielt werden.

Jeder weiß außerdem von den geringen Löhnen der Schweiz. Das Land gilt als Armenhaus Europas und erfüllt schon seit Jahrzehnten nicht die Aufnahmekriterien der EU. Die Schweizer leben in einfachen Holzhütten und hüten Schafe, Ziegen oder Kühe. Die einzigen Exportprodukte sind Toblerone, DJ Bobo und eine groteske Fantasiesprache wie aus einem verschollenen Vorarlberger Kinderbuch aus dem Mittelalter.

Bekanntlich ist die Schweiz auch deutlich weniger gebirgig als Österreich. Irgendwer muss ja den Ölz Laib über den Semmering tragen! Das ist viel beschwerlicher als in der flachen Zürcher Steppe. Deshalb ist es völlig rational, dass österreichische Supermärkte hier 54 Prozent draufschlagen müssen. Das nennt man freie Marktwirtschaft.

Für Sparfüchse

Günstige Flüge in die Schweiz gibt es derzeit unter 100 Euro. Sie müssen also nur 80 Packungen Ölz Toast erwerben (passt kompakt gepresst ins Handgepäck), um Ihre Reisekosten wieder reinzuholen. Gleichzeitig stützen Sie mit Ihrem Kauf die kriselnde Schweizer Wirtschaft, die im Gegensatz zu Österreich unter einer schrumpfenden Inflation leidet.

Trotz aller Kritik gibt es für die österreichischen Supermärkte auch positive Nachrichten. Netflix hat sich die Rechte an ihrer Geschichte gesichert. Nach dem Hit „Narcos" widmet sich der Streamingdienst nun dem wohl größten Kartell, das ganz Österreich im Griff hat und von der Politik gedeckt wird. Es geht dabei so professionell, gierig und skrupellos vor, dass selbst Pablo Escobar das Lachen vergehen würde, müsste er seinen Wochenendeinkauf in einem Billa in Österreich machen.

Stört die Idylle an der Südosttangente: Anrainer fordern Schließung der Arena

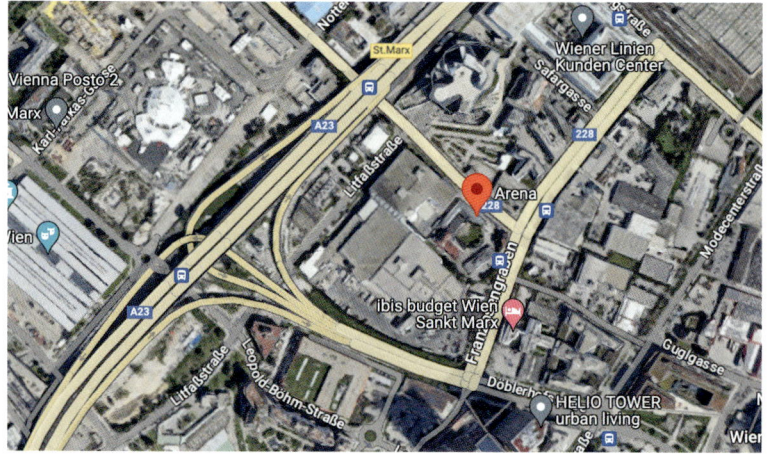

Foto: Google Maps

Auf der Suche nach Ruhe und Idylle zogen unzählige Menschen in Wohnungen direkt neben der Südosttangente. Doch die versprochene Idylle entpuppt sich als Albtraum. Der Seelenfrieden

der Mieterinnen und Mieter wird gestört durch die Arena, eine seit 1976 existierende Konzertlocation, die sich offenbar zufällig und überraschend in unmittelbarer Nähe befindet. Die Anrainer gehen auf die Barrikaden.

WIEN – Lokalaugenschein. Ein lauer Sommerabend in den Wohntürmen „The Marks" in Wien-Erdberg. Im direkt angrenzenden Naturjuwel „A23 Südosttangente" zieht der Schwerverkehr mit 170 Dezibel im Abendrot vorbei. Tauben fallen, betäubt von den Abgasen, vom Himmeln und prasseln auf die Windschutzscheiben der Autos.

Der liebliche Gesang mehrerer Folgetonhörner erfreut das Gehör und wird nur durch das melodische Summen des ÖAMTC-Rettungshubschraubers unterbrochen, der zum zehnten Mal an diesem Tag über das Gebäude fliegt.

Doch dann der Schock. Ein Ska-Konzert aus der Arena mischt sich in den Autobahnlärm. Am Balkon des 35. Stocks bereitet Zahnarzt und Familienvater Gerhard gerade alles für ein Abendessen mit seinen Liebsten vor. Seine beiden Kinder bauen eine Sandburg aus dem Feinstaub, der sich tagsüber angesammelt hat. „Es is schrecklich, i kann de SUVs nimmer hören von der Autobahn", jammert er.

Falsche Versprechen

„Der Immobilienmakler hat mir versprochen, es ist eine Immobilie mit Tangentenblick und Autobahnfeeling, und alles, was ich jetzt hör, ist so ein Rumba-Zumba-Punk-Tschimbumm von Menschen, die Spaß am Leben haben. Furchtbar!"

Der Mann droht mit dem Gang durch alle Instanzen. „Bezirksgericht, OGH, Den Haag, und wenn's hart auf hart kommt, schreib ich einen Leserbrief an die *Krone*." Sein Leben sei am Ende. „Ich hätte mir vor dem Herziehen nie gedacht, dass eine Konzertlocation, die seit 1976 existiert, tatsächlich Konzerte abhält", erklärt er kopfschüttelnd.

„Das Grätzel ist einfach nimmer so wie früher, also letzten Sonntag, als ich hergezogen bin." Die Autohölle, die Erdberg damals noch war, ist nun zu einer Autohölle mit gelegentlicher Musik verkommen.

Seine Familie ist mit den Nerven am Ende. Auch der vor Kurzem zu Ende gegangene Sommerurlaub brachte nicht die erhoffte Erholung. „Als wir in den Nachrichten gesehen haben, dass halb Kreta in

Flammen steht, haben wir sofort unseren Urlaub dorthin gebucht. Wer konnte schon ahnen, dass es dann dort brennen wird?"

Umzug als Ausweg

Sollte sich die Situation nicht bessern, steht ein Umzug im Raum. „Wir schauen uns gerade Wohnungen neben dem Prater an. Das Einzige, was uns stört, ist dieses Riesenrad. Vielleicht kann man das ersetzen durch ein normal großes Rad."

Auch eine Wohnung neben dem Ernst-Happel-Stadion gefällt der Familie. „Vielleicht kann der ÖFB ja zum Fußballspielen aufhören. Wir sind auch schon mit der Frau Taylor Swift in Kontakt, damit sie ihre Konzerte nächsten Sommer flüstert."

Um die Anrainer zu beschwichtigen, arbeitet man nun an einer österreichischen Lösung: „Die Arena darf bleiben", erklärt eine Sprecherin der Stadt Wien. „Allerdings finden nur noch Konzerte von Helene Fischer und Andreas Gabalier statt, damit die Nachbarn zufrieden sind."

Niederösterreich: Gratis Menstruationsprodukte für Männer ab Oktober

Foto: Helmut Fohringer / APA / picturedesk.com (M)

Nach Wien will auch die Landesregierung Niederösterreichs im Oktober eine langjährige Forderung von Frauenrechtsgruppen umsetzen – mit einer Einschränkung: Menstruationsprodukte sind ab Oktober im ganzen Bundesland kostenlos erhältlich, aber nur für Männer.

ST. PÖLTEN – Als erster Niederösterreicher bekommt der 47-jährige Aufzugsmonteur Alois P. von Landeshauptmann Johanna Mikl-Leitner einen Geschenkkorb überreicht, prall gefüllt mit Tampons und Binden, Ibuprofen und Menstruationstassen.

„Da, bitte, wenn Ihre Göttergattin wieder mal ins rote Meer segelt, einfach die o.b.s in die Ohren stopfen und Sie müssen das weibische Gejammere und die unerträgliche Hysterie nicht hören, haha", lacht Mikl-Leitner und klopft ihm etwas zu fest auf den Rücken.

Niederösterreich geht voran

Der niederösterreichische Landeshauptmann will durch die Maßnahme die Gleichstellung von Mann und Frau vorantreiben. „Es kann nicht sein, dass im sozialistischen Wien nur Frauen gratis Menstruationsprodukte erhalten. Wo kommen wir denn da hin? Wir wollen zeigen: Es geht auch anders. Es geht auch normal."

Der Koalitionspartner FPÖ zeigte sich anfangs skeptisch: „Stichwort Menstruationslüge", erklärt Michael Schnedlitz. „Auf Telegram steht, dass die Frauen das nur erfinden, weil sie Geld von der Tamponlobby bekommen. Wofür steht o.b.? Glauben Sie wirklich, das o.b. in Globalisten ist ein Zufall? Ich persönlich hab noch nie eine Frau getroffen, die menstruiert. Normale Menschen bluten höchstens nach der Mensur."

Freiheitliche Binden

Die Freiheitlichen konnten Gratisbinden für Männer durchsetzen, die man sich nach dem Fechten mit seinen Freunden auf die verwundete Wange kleben kann, sogenannte „AlwaySS".

„Wenn wir Menstruationsprodukte nur für Frauen kostenlos anbieten, können wir nicht im Geschäft überprüfen, ob sie überhaupt die Erlaubnis ihres männlichen Vormunds zum Einkaufen gehen hat", erklärt Nutztierlandesrat und öffentliche Toilette Gottfried Waldhäusl, der auch die Frauenagenden innehat.

Ihm selbst seien die Anliegen der Frauen wichtig: „Ich hab sogar hier im Waldviertel selbst schon mal eine gesehen. Im März 1997 war das. Sie hat sich am Weg nach Wien verfahren. Bis dahin hat man Frauen bei uns für ausgestorben gehalten, seitdem die letzte Frau 1985 am Scheiterhaufen in Zwettl wegen Hexerei verbrannt wurde. Sie hat mit einem Mann gesprochen, der nicht ihr Ehemann war." Waldhäusl selbst war damals im Verfahren Zeuge, Staatsanwalt, Richter und Scharfrichter.

Zukunftspolitik

Die gratis Menstruationsprodukte sind laut Mikl-Leitner nur eine Übergangslösung: „Das Ziel ist, dass wir irgendwann gar keine Menstruation mehr im Land haben. Wir haben lange sehr gut ohne Menstruation gelebt. Früher war das noch kein Thema, jetzt ist es offenbar modern und hipp." Um Menstruationen in Zukunft zu verhindern, werden in Niederösterreich alle Mädchen als Buben erzogen.

Soll Kleidervorschrift kontrollieren: Gymnasium Stockerau präsentiert neuen Schulwart

Foto: Wakil Kohsar / AFP / picturedesk.com (M)

Das T-Shirt muss den Nabel bedecken, die Hose darf nicht zu kurz sein, und der Brustansatz muss verborgen bleiben: Im Gymnasium Stockerau gibt es seit dieser Woche eine strenge Kleiderordnung. Nun soll ein neuer Taliban-Schulwart kontrollieren, ob die Jugendlichen sich an die Vorschriften halten.

STOCKERAU – Abdul Ghani bin Laden betritt um Punkt acht Uhr mit Turban, Taliban-Mitgliedsausweis und Sturmgewehr das Gymnasium in Stockerau. Es ist der erste Tag für den schlechtgelaunten Großcousin von Osama bin Laden. Schon kurz nach Dienstantritt erblickt er eine Drittklässlerin, deren Hose weniger als eine Handbreite von der Schrittgrenze entfernt liegt.

„Halt, stehen bleiben! So, wie du dich kleidest, das ist haram! Das setzt 20 Peitschenhiebe", schreit er sie an. Sofort schreitet die Direktorin ein: „Haha, Herr Bin Laden, das können Sie noch nicht wissen, aber bei uns in Österreich heißt das nicht ‚haram', wir sagen einfach ‚abnormal' dazu." Abdul nickt und setzt die Auspeitschung fort.

Auf Sexismus-Vorwürfe reagiert die Direktorin lachend: „Was?! Aber nicht doch. Natürlich dürfen bei uns auch die Burschen kein bauchfreies Top tragen, und sie müssen die kurzen Hotpants auch daheimlassen und ihren Brustansatz verbergen. Da kann ich keinen Sexismus erkennen. Gleiches mittelalterliches Recht für alle!"

Keine Gnade

Abdul Ghani bin Laden patrouilliert durch die Klassenzimmer. Routiniert schweift sein Blick durch den Raum. Der 43-Jährige spielt seine jahrelange Erfahrung als Sittenwächter gekonnt aus. Plötzlich verfinstert sich seine Miene. Er zückt sein Gewehr: Bauchnabel-Alarm im dritten Stock! „He, du da! Was sehe ich da?! Dein Shirt ist viel zu kurz … völlig abnormal!"

Peinlich berührt, blickt der Betroffene zu Boden. Die ganze Klasse lacht über ihn. „Ich habe im Sommer zwölf Kilo zugenommen, und mir sind jetzt alle Leiberl zu kurz", erklärt der 55-jährige Stockerauer Religionslehrer Gottfried Schweinshuber. Abdul Ghani drückt noch einmal ein Auge zu. Er belässt es beim Abhacken der rechten Hand. „Das war knapp", lacht Schweinshuber und wischt sich mit seinem blutigen Stummel den Schweiß von der Stirn.

Wohlfühlatmosphäre

Nach einem holprigen Start sitzt Abdul Ghani in der Mittagspause zufrieden mit den anderen Lehrkräften im Schulhof. Er hat sich gut eingelebt, obwohl die Gesellschaft in Niederösterreich deutlich konservativer ist als in Afghanistan.

Die Stimmung ist gelöst. Die Direktorin ist sichtlich zufrieden mit ihrem neuen Schulwart. „Der Abdul hat eine harte Schale, aber wenn man die knackt, findet man darunter einen normalen, bigotten Kern. Und das mit dem Trinken wird er noch lernen", sagt sie lachend.

Doch Abdul wundert sich auch über seine neue Heimat. „Ich hätte mir nicht gedacht, dass die hier so viel rückständiger sind als wir", sagt er und zeigt auf einen uralten Overhead-Projektor aus der Zeit der Napoleonischen Kriege und auf das Regierungsprogramm von ÖVP und FPÖ. Dann erblickt er ein Foto von Udo Landbauer: „Wow! Haha, die Welt ist klein. Was macht mein Cousin hier? Ich dachte, der lebt in Persien."

Zeichen für LGBTQ+-Rechte: Kickl tritt mit lesbischer Frau auf, die mit Migrantin verheiratet ist

Foto: Martin Juen / SEPA.Media / picturedesk.com (M)

Was für eine Überraschung! Ausgerechnet FPÖ-Chef Herbert Kickl zeigte sich gestern mit Alice Weidel, die seit Jahren in einer lesbischen Partnerschaft mit einer Frau aus Sri Lanka lebt. Die Nachricht sorgt für Aufsehen in LGBTQ+-Kreisen. Der Auftritt ist ein starkes blaues Zeichen für mehr Gleichberechtigung für queere Menschen.

WIEN – Lange waren gleichgeschlechtliche Partnerschaften und Adoptionen von Kindern durch Homosexuelle der FPÖ ein Gräuel, vor allem, wenn es sich dabei auch noch um Migrantinnen und Migranten handelte. Doch diese Zeiten sind vorbei. Ganz ohne Berührungsängste präsentierte Kickl gestern nichts weniger als eine neue Gallionsfigur der FPÖ: Alice Weidel, eine lesbische arische Frau, die mit einer Migrantin aus Sri Lanka lebt.

Kickl ist begeistert vom sozialen Engagement des Paares. „Pride, Schwester! Zwei kerngesunde, stramme Adoptivsöhne ziehen diese Mütter groß, liebe Freundinnen, Freunde und befreundete nicht-binäre Menschen!", erklärt Kickl. Dann entschuldigt er sich für die Verwendung des Begriffs „Mutter": „Ich meinte selbstverständlich ‚gebärende Menschen'." Zwei RFJ-Funktionäre verstecken panisch das Mutterkreuz, dass sie Weidel soeben feierlich überreichen wollten.

Dutzende FPÖ-Funktionäre wedeln begeistert mit ihren regenbogenfarbenen Hakenkreuzflaggen. Michael Schnedlitz und Dominik Nepp fallen sich küssend um den Hals und ziehen ihren Schmiss mit Schminke nach. Sogar die Verfassungsschützer, die heute zur Beobachtung von Kickl und Weidel eingeteilt sind, haben feuchte Augen.

Von Haider gelernt

Doch woher kommt Kickls Neigung zu queerfreundlicher Politik? Die Spurensuche führt zurück in seine Vergangenheit – bis zu seinem Kärntner Ziehvater Jörg Haider. „Er hat immer ein offenes Ohr gehabt für junge Männer, die offensichtlich vom feindli-, also vom anderen Ufer waren", erinnert sich Kickl.

„Der Jörgl hat sich oft stundenlang in ein Hinterzimmer mit ihnen zurückgezogen, um zu diskutieren. Danach war er immer verschwitzt, völlig außer Atem und knallrot. Aber vor diesen Debatten mit Homosexuellen hat er sich nicht gescheut. Das hat mir immer sehr imponiert, weil Jörg Haider selbst ja stramm heterosexuell war."

Kickl orientiert sich neu

Auch Kickl selbst zeigt sich offen: „Nach vielen Jahren der Ehe mit einer österreichischen Frau ist es ganz normal, dass man mal was Neues probieren möchte", erklärt er, während er mit einem persischen Landbauer, der inzwischen in Niederösterreich lebt, Hand in Hand durch einen romantischen Weingarten spaziert. „Wir verstehen uns wirklich gut. Mal schauen, was daraus wird. Ich sag immer, alles kann, nichts muss – außer Faschismus, hahaha." Die beiden verschwinden im Sonnenuntergang.

25. September 2023

Extremisten mit mittelalterlichen Werten: Kritik an Taliban nach Treffen mit FPÖ

Foto: Leider keine Montage

Ein Treffen auf Augenhöhe zwischen radikalen Fundamentalisten und den Taliban – diese Bilder sorgen weltweit für Aufregung. Der afghanische Außenminister Amir Khan Muttaqi empfing die ehemaligen FPÖ-Politiker Andreas Mölzer und Johannes Hübner. Haben die gemäßigten Anführer Afghanistans nun alle moralischen Skrupel verloren?

KABUL – „Wir wollen die FPÖ an ihren Taten messen", erklärt Taliban-Außenminister Amir Khan Muttaqi nach dem Treffen mit Mölzer. „Wir haben uns über die Bedrohung durch das Weltjudentum unterhalten, über Gleichberechtigung von Frauen gelacht, Steinigungen für Journalisten angedacht und mehr bilaterale Kooperation bei der Bekämpfung der weltweiten Pandemie vereinbart, denn die hoch ansteckende Homosexualität kennt keine Staatsgrenzen."

Es sind Worte, die in Afghanistan wie auch im Ausland fassungslos machen. Die einst so staatstragenden Taliban driften offenbar immer weiter Richtung Extremismus ab. „Afghanistan darf nicht Niederösterreich werden", skandieren Hunderte Demonstrierende am größten Bazar der Hauptstadt. Sie wollen einen Umbau des weltoffenen Afghanistans in einen faschistischen Gottesstaat verhindern.

Distanzierung

„Ein irrer Fanatiker wie Mölzer bei uns? Das war nicht mit der Partei abgesprochen", zeigt sich ein Pressesprecher der Taliban entsetzt. „Wir distanzieren uns von diesem rückständigen Weltbild."

Doch Insider erklären, dass schon weitere FPÖ-Politiker am Weg sind. „Wir wissen nicht, wer genau noch aller kommen wird. Wir haben jedenfalls den Auftrag für einen stecknadelgroßen Turban bekommen."

Auch Michael Schnedlitz und Dominik Nepp werden erwartet. Beide dürfen nach ihrer Ankunft als Geste des guten Willens Frauen steinigen, die beim Fahrradfahren erwischt wurden. „Davon träume ich schon lange", freut sich Nepp, der sich aus Angst vor Radfahrerinnen in den Hobbykeller seiner Eltern zurückgezogen hat und an seinem 674-seitigen Manifest arbeitet.

Afghanistan-Verbot für Landbauer

Nicht erwünscht bei den sunnitischen Taliban hingegen ist der niederösterreichische FPÖ-Chef Udo Landbauer: „Dieser schiitische Perser soll zu Hause bleiben in seinem inzestuösen Eselskaff. Wir brauchen keinen Besuch aus Wiener Neustadt."

In Österreich kommen die Bilder eines Freiheitlichen zu Besuch bei einem radikal-islamischen Terrorregime gut bei den Wählern an. „Ja und? Wenn es der undemokratische Wille der Bevölkerung ist? Es gibt Schlimmeres", erklärt ein FPÖ-Wähler aus Gloggnitz. „Zum Beispiel diesen Babler, da ist jetzt gerade auf Telegram ein Foto von ihm aufgetaucht. Wie er 14 war, da hat er am Kirtag ein Ché-Guevara-Shirt angehabt, dieser Volksverräter."

28. September 2023

Mit Alkohol und Psychopharmaka: McDonald's präsentiert neuen Burger „McCharlie Deluxe"

Foto: Montage

Österreichs Bundeskanzler Karl Nehammer hat die Welt wieder einmal mit einer bahnbrechenden Vision überrascht: Arme Kinder sollen einfach bei McDonald's essen. Nun legt das ÖVP-Genie nach: Auch unglücklichen Kindern kann durch Fast Food geholfen werden, dank zweier Geheimzutaten.

KLOSTERNEUBURG – Nehammer leckt sich über die Lippen und stellt sich auf einem riesigen McDonald's-Screen seinen eigenen Burger zusammen: „Extra Bacon, dann doppelt Fluvoxamin. Und den grindigen Käse braucht auch keine Sau, bitte einfach Vortioxetin rein bis zum Anschlag." Der „McCharlie Deluxe" nimmt Formen an. „Jetzt fehlt nur mehr die Sauce ... a ja, da, Averna-Sourcream Sauce."

Kurz darauf beißt der Kanzler in seine Kreation. „Kostet nicht einmal vier Euro. Davon kann ein armer Gschropp einen ganzen Tag lang leben und abends dann richtig, richtig gut einschlafen … Das ist kein ‚Happy Meal' mehr, das ist ein ‚Very Very Happy Meal'."

Kampagnenerfolg

Nehammers „Glaubt an Österreich"-Kampagne nimmt Fahrt auf. „Aber aufpassen. Wenn Sie zu viel an Österreich glauben, sollten Sie womöglich das Citalopram bissi reduzieren. Zu Risiken und Nebenwirkungen fragen Sie Ihren Mäci-Verkäufer. Bezahlt werden kann der Burger in unseren Landeswährungen Euro, Schilling und Rubel."

In Zeiten von Rekordinflation und horrenden Supermarktpreisen setzt der niederösterreichische Vordenker genau an den richtigen Hebeln an, um die Armut zu bekämpfen. „Wenn sie kein Brot haben, dann sollen sie Apfeltaschen essen. Die Lava darin wärmt auch im Winter den Mundraum", erklärt der Kanzler leicht angeheitert.

Gelungener Witz

Gitterpommes gibt es heute keine, die Fritteuse streikt. „Na servas, diese Teilzeit-Fritteuse muss reich sein. Wenn ich Geld brauch, arbeite ich einfach mehr, wie ein normaler Mensch halt", scherzt der hemdsärmelige Kanzler. „Aber zum Glück brauch ich ja nicht noch mehr Geld, ich verdiene ja schon 16.000 Cheeseburger netto im Monat."

Dutzende seiner Anzug tragenden Begleiter amüsieren sich köstlich. Der Witz kommt an. „Armut ist einfach so lustig", gesteht einer und wischt sich nach einem Lachanfall die Tränen mit einer Hermès-Krawatte von den Wangen. Es ist Nehammers jahrelanger Erfahrung als Rhetoriktrainer zu verdanken, dass er auch in Krisenzeiten immer den richtigen Tonfall trifft.

McDonald's soll laut ÖVP auch in anderen Bereichen mehr Funktionen des Staates übernehmen. „Ich sag nur Kinderbetreuung neu", sagt Nehammer und zeigt auf ein riesiges neues Bällebad in der Filiale in Scheibbs. „Und im Herbst 2024 fang ich selbst hier zum Arbeiten an als neuer Clown." Es ist die Hoffnung, die den Menschen in schwierigen Zeiten Kraft gibt.

Betrinkt sich tagsüber mit Freunden: Arbeitet dieser Niederösterreicher nur Teilzeit?

Foto: Twitter/Beatrice Keplinger

Es sind Bilder, die schockieren: Ein Niederösterreicher im Anzug trinkt Alkohol – am helllichten Tag. Während normale Menschen zu dieser Zeit im Büro sitzen und Leistung bringen, genießt der christlich-asoziale Mann seine offenbar üppige Freizeit im Kreise seiner arbeitsscheuen Alki-Freunde. Nun werden schwere Vorwürfe laut: Der Beamte Karl N. (50) arbeitet offenbar nur Teilzeit.

HALLEIN – Während draußen die Sonne scheint und Mütter mit Kindern im Arm verschwitzt vorbei hetzen, fließt in diesem Gentlemens Club der Wein in Strömen. Die Männergruppe unterhält sich an diesem Werktag lachend über Frauen, die Teilzeit arbeiten und zu dumm sind, um ihre Kinder für eine warme Mahlzeit zu McDonald's zu schicken.

Im Zentrum der Gruppe steht Karl N., ein Staatsbediensteter, der laut Recherchen der **TAGESPRESSE** beim Bundeskanzleramt mit einem befristeten Vertrag angestellt ist. Offenbar verschleppt er dort aber seit dem 6. Dezember 2021 selbst kleine Tätigkeiten monatelang, wichtige Aufgaben vergisst er, für die Belegschaft ist er eine enorme

Belastung. Wegen politischer Protektion kann er aber derzeit nicht gekündigt werden.

Leistungsfeindlich

Eigenverantwortung und Leistungsbereitschaft sind für diesen Beamten offenbar Fremdwörter. „Machst uns noch eine Käseplatte, Gitti? Ich war z'Mittag nur kurz beim McDrive, i brauch a ordentliche Unterlage", lallt N. Richtung Küche und hält sich am Tisch fest. Radfahren dürfte er in diesem Zustand nicht mehr. „Zum Glück bin i eh mit dem Auto da", lächelt N.

Während normale Väter um diese normale Uhrzeit gerade ganz normal arbeiten, um ihre Familien zu ernähren, stopft der Rabenvater ein Käsehäppchen nach dem anderen in sich hinein. „Geh, Meister", schreit er dem Kellner zu. „Mixt mir noch so einen Blutgeld Marry, also Bloody Marry halt. Schreib's auf, zahlt der Vater Staat. Habt's ihr was zum Knabbern?"

Ein Video, das den lallenden, ungehobelten Minderleister beim Herumschreien zeigt, schockiert. „Kennt's den schon?", setzt Karl N. zu einem Witz an. „Wie nennt man eine teilzeitarbeitende F-, wie heißen die, ah, genau, Frau, wie nennt man eine teilzeitarbeitende Frau noch? Faule Sau, hahaha. Der is gut, oder?" 40 Männer, die alle aussehen wie Statisten aus einer Werbung für Elk-Häuser, applaudieren.

Symptomatisches Verhalten

Soziologin Dr. Jasmin Geppert sieht im asozialen Verhalten von Karl N. ein Symptom der sinkenden Leistungsbereitschaft bei konservativen Männern. „Diese Karikatur eines Mannes hat keinen Antrieb mehr, keine Eigenverantwortung, keinen Leistungswillen. Der Staat zahlt ihm 11.319 Hamburger pro Monat. Er liegt in der sozialen Hängematte und glaubt an nichts mehr, außer an Österreich. Kriegen die Kinder dieses Low Performers überhaupt eine warme Mahlzeit?"

Harte Worte, die N. wohl nie lesen wird, weil er nach spätestens fünf Wörtern in ein Burnout schlittern würde.

Hausverbot

Auch die Zeche im Lokal wurde schließlich geprellt, berichtet ein Kellner. „Der Typ hat ein Sparschwein auf den Tisch geknallt, aber da waren nur ein paar Rubel drinnen. Am Weg zu seinem Auto hat er uns noch einen Big Mac und eine gesamte Käseplatte in die Hecke gespieben. Er hat jetzt Hausverbot!"

Bleibt zu hoffen, dass die Politik durchgreift und Leistungsfeinde wie Karl N., die seit Jahren ihren Job nicht erledigen, aus dem Staatsapparat entfernt. Ein Bundeskanzler von Österreich sollte ein derartiges Verhalten in seiner Mannschaft keinesfalls dulden.

Zum Schutz vor Peter Klien: Kickl bekommt tragbaren Panic Room

Foto: C. Stadler/ Bwag / Wikimedia / depositphotos.com

FPÖ-Chef Herbert Kickl traut sich kaum noch aus dem Haus. Hinter jeder Ecke könnte Peter Klien lauern und ihn mit Fragen über Eva Glawischnig attackieren. Um dem selbsternannten Volkskanzler ein halbwegs normales Leben zu ermöglichen, kauft ihm die Partei jetzt einen tragbaren Panic Room, in dem er sich vor gefährlichen Fragen verstecken kann.

WIEN – Genau so stellt man sich einen mutigen Führer vor! Ein grau-melierter Reporter des öffentlichen Rundfunks nähert sich mit einem Mikrofon und stellt eine harmlose Frage, und Herbert Kickl tut genau das, was ein echter, extrem männlicher Mann tun würde: davonlaufen, sich in einer Brotdose einsperren und einen übergewichtigen Zuhälter auf fünf Dosen Monster-Energy-Drink mit sieben Butterfly-Messern rausschicken, um den Reporter zu vertreiben.

Dass er Angst hatte, streitet Kickl ab. „Ein Herbert Kickl stellt sich der Gefahr. Ich bin fit, lebe gesund, gehe laufen, vor allem dann, wenn ich ein ORF-Mikrofon sehe, da laufe ich gleich einen Halbmarathon, wenn's sein muss."

Damit Kickl ab sofort noch besser geschützt ist, bekommt er nun einen mobilen Panic Room. Dort hat er alles, was er zum Überleben braucht: ein Miniatur-FPÖ-TV-Studio, eine Powerbank, um wochenlang auf Telegram vor linker Meinungsdiktatur zu warnen, und ein Hipp-Glas „Wiener Schnitzel", von dem sich Kickl einen Monat lang ernähren kann.

Feige Cancel Culture

Meinungs- und Pressefreiheit ist für „Volkscancler Kickl" (*The Economist*) ein Fremdwort, er setzt lieber auf Cancel Culture. „Kickl lebt in ständiger Angst, dass seine Wähler herausfinden könnten, dass er nicht einer von ihnen ist, sondern ein elitärer Systempolitiker, der über 16.000 Euro Steuergeld pro Monat verdient, in der Privatwirtschaft keinen Job länger als eine Woche halten könnte und als Kanzler eine arbeiterfeindliche Wirtschaftspolitik umsetzen würde", erklärt Politexperte Peter Filzmaier. „Diese Wahrheit muss er mit aller Gewalt vertuschen."

Für Filzmaier hat der Wahlkampf bereits begonnen. Er stellt im ZIB-2-Studio gerade sein Zelt auf, sucht nach Brennholz für ein Lagerfeuer und wäscht sich die Haare mit Trockenshampoo. „Hat wer von euch zufällig eine Zahnbürste für mich?"

Schweres Trauma

Herbert Kickl steht nach der Brutalo-Attacke des ORF-Monsters Peter Klien unter Schock. Er ist schwer traumatisiert und wird zur Stunde auf der Intensivstation behandelt, wo allerdings bereits Bettenknappheit herrscht.

„Wir bekommen hier stündlich neue Opfer rein, gestern sieben AfD-Politiker, die laut unserer Diagnose von Gelsen gestochen wurden, laut Eigenaussage aber vom Mossad durch einen Kanaldeckel von unten mit Heroinspritzen attackiert wurden. Heute dann den Kickl, und da drüben noch den Schnedlitz, den Hafenecker und den Landbauer." Die drei FPÖ-Männer haben heute früh nur knapp eine linke Attacke überlebt.

„Beim Billa an der Kassa hat mich von hinten eine alte Frau mit dem Wagerl angerempelt, mein kleiner Zeh tut ur weh", weint Schnedlitz bitterlich. „Eindeutig ein Terroranschlag der Omas gegen Rechts." Eines ist klar: Die FPÖ-Wähler, die einen starken Mann wollen, müssen wohl noch weitere 1000 Jahre warten, um einen in der Partei zu finden.

Inhalt